PREFACIO

La colección de guías de conversación para viajar "Todo irá bien" publicada por T&P Books está diseñada para personas que viajan al extranjero para turismo y negocios. Las guías contienen lo más importante - los elementos esenciales para una comunicación básica.Éste es un conjunto de frases imprescindibles para "sobrevivir" mientras está en el extranjero.

Esta guía de conversación le ayudará en la mayoría de los casos donde usted necesite pedir algo, conseguir direcciones, saber cuánto cuesta algo, etc. Puede también resolver situaciones difíciles de la comunicación donde los gestos no pueden ayudar.

Este libro contiene muchas frases que han sido agrupadas según los temas más relevantes. Una sección separada del libro también ofrece un pequeño diccionario con más de 1.500 palabras importantes y útiles.

Llévese la guía de conversación "Todo irá bien" en el camino y tendrá una insustituible compañera de viaje que le ayudará a salir de cualquier situación y le enseñará a no temer hablar con extranjeros.

TABLA DE CONTENIDOS

T&P Books Publishing

Colección de guías de conversación
"¡Todo irá bien!"

T&P Books Publishing

GUÍA DE CONVERSACIÓN

SERBIO

LAS PALABRAS Y LAS FRASES MÁS ÚTILES

Esta Guía de Conversación contiene las frases y las preguntas más comunes necesitadas para una comunicación básica con extranjeros

Andrey Taranov

T&P BOOKS

Guía de conversación + diccionario de 1500 palabras

Guía de conversación Español-Serbio y diccionario conciso de 1500 palabras

por Andrey Taranov

La colección de guías de conversación para viajar "Todo irá bien" publicada por T&P Books está diseñada para personas que viajan al extranjero para turismo y negocios. Las guías contienen lo más importante - los elementos esenciales para una comunicación básica. Éste es un conjunto de frases imprescindibles para "sobrevivir" mientras está en el extranjero.

Una otra sección del libro también ofrece un pequeño diccionario con más de 1.500 palabras útiles. El diccionario incluye muchos términos gastronómicos y será de gran ayuda para pedir los alimentos en un restaurante o comprando comestibles en la tienda.

T&P Books Publishing
www.tpbooks.com

ISBN: 978-1-78716-303-4

Este libro está disponible en formato electrónico o de E-Book también.
Visite www.tpbooks.com o las librerías electrónicas más destacadas en la Red.

PRONUNCIACIÓN

La letra	Ejemplo serbio	T&P alfabeto fonético	Ejemplo español

Las vocales

La letra	Ejemplo serbio	T&P alfabeto fonético	Ejemplo español
A a	авлија	[a]	radio
E e	ексер	[e]	verano
И и	излаз	[i]	ilegal
O o	очи	[o]	bordado
У у	ученик	[u]	mundo

Las consonantes

La letra	Ejemplo serbio	T&P alfabeto fonético	Ejemplo español
Б б	брег	[b]	en barco
В в	вода	[ʋ]	cerveza
Г г	глава	[g]	jugada
Д д	дим	[d]	desierto
Ђ ђ	ђак	[dʑ]	tadzhik
Ж ж	жица	[ʒ]	adyacente
З з	зец	[z]	desde
Ј ј	мој	[j]	asiento
К к	киша	[k]	charco
Л л	лептир	[l]	lira
Љ љ	љиљан	[ʎ]	lágrima
М м	мајка	[m]	nombre
Н н	нос	[n]	número
Њ њ	књига	[ɲ]	leña
П п	праг	[p]	precio
Р р	рука	[r]	era, alfombra
С с	слово	[s]	salva
Т т	тело	[t]	torre
Ћ ћ	ћуран	[tɕ]	archivo
Ф ф	фењер	[f]	golf
Х х	хлеб	[h]	registro
Ц ц	цео	[ts]	tsunami
Ч ч	чизме	[tʃ]	mapache

La letra	Ejemplo serbio	T&P alfabeto fonético	Ejemplo español
Џ џ	џбун	[dʒ]	jazz
Ш ш	шах	[ʃ]	shopping

LISTA DE ABREVIATURAS

Abreviatura en español

adj	-	adjetivo
adv	-	adverbio
anim.	-	animado
conj	-	conjunción
etc.	-	etcétera
f	-	sustantivo femenino
f pl	-	femenino plural
fam.	-	uso familiar
fem.	-	femenino
form.	-	uso formal
inanim.	-	inanimado
innum.	-	innumerable
m	-	sustantivo masculino
m pl	-	masculino plural
m, f	-	masculino, femenino
masc.	-	masculino
mat	-	matemáticas
mil.	-	militar
num.	-	numerable
p.ej.	-	por ejemplo
pl	-	plural
pron	-	pronombre
sg	-	singular
v aux	-	verbo auxiliar
vi	-	verbo intransitivo
vi, vt	-	verbo intransitivo, verbo transitivo
vr	-	verbo reflexivo
vt	-	verbo transitivo

Abreviatura en serbio

ж	-	sustantivo femenino
ж мн	-	femenino plural
м	-	sustantivo masculino
м мн	-	masculino plural
м, ж	-	masculino, femenino

мн	-	plural
нг	-	verbo intransitivo
нг, пг	-	verbo intransitivo, verbo transitivo
пг	-	verbo transitivo
с	-	neutro
с мн	-	género neutro plural

GUÍA DE CONVERSACIÓN SERBIO

Esta sección contiene frases
importantes que pueden
resultar útiles en varias
situaciones de la vida real.
La Guía le ayudará a pedir
direcciones, aclaración
sobre precio, comprar billetes,
y pedir alimentos en un
restaurante

T&P Books Publishing

CONTENIDO DE LA GUÍA DE CONVERSACIÓN

Lo más imprescindible

Perdone, …	**Извините, …** Izvinite, …
Hola.	**Добар дан.** Dobar dan
Gracias.	**Хвала вам.** Hvala vam

Sí.	**Да.** Da
No.	**Не.** Ne
No lo sé.	**Не знам.** Ne znam
¿Dónde? | ¿A dónde? | ¿Cuándo?	**Где? | Куда? | Када?** Gde? | Kuda? | Kada?

Necesito …	**Треба ми …** Treba mi …
Quiero …	**Хоћу …** Hoću …
¿Tiene …?	**Имате ли …?** Imate li …?
¿Hay … por aquí?	**Да ли овде постоји …?** Da li ovde postoji …?
¿Puedo …?	**Смем ли …?** Smem li …?
…, por favor? (petición educada)	**молим** molim

Busco …	**Тражим …** Tražim …
el servicio	**тоалет** toalet
un cajero automático	**банкомат** bankomat
una farmacia	**апотеку** apoteku
el hospital	**болницу** bolnicu

la comisaría	**полицијску станицу** policijsku stanicu
el metro	**метро** metro

| un taxi | **такси**
taksi |
| la estación de tren | **железничку станицу**
železničku stanicu |

Me llamo ... `	**Ја се зовем ...** Ja se zovem ...
¿Cómo se llama?	**Како се ви зовете?** Kako se vi zovete?
¿Puede ayudarme, por favor?	**Да ли бисте, молим вас, могли да ми помогнете?** Da li biste, molim vas, mogli da mi pomognete?

Tengo un problema.	**Имам проблем.** Imam problem
Me encuentro mal.	**Не осећам се добро.** Ne osećam se dobro
¡Llame a una ambulancia!	**Позовите хитну помоћ!** Pozovite hitnu pomoć!
¿Puedo llamar, por favor?	**Смем ли да телефонирам?** Smem li da telefoniram?

| Lo siento. | **Извините ...**
Izvinite ... |
| De nada. | **Нема на чему.**
Nema na čemu |

Yo	**ја, мене** ja, mene
tú	**ти** ti
él	**он** on
ella	**она** ona
ellos	**они** oni
ellas	**оне** one
nosotros /nosotras/	**ми** mi
ustedes, vosotros	**ви** vi
usted	**ви** vi

ENTRADA	**УЛАЗ** ULAZ
SALIDA	**ИЗЛАЗ** IZLAZ
FUERA DE SERVICIO	**НЕ РАДИ** NE RADI

CERRADO	**ЗАТВОРЕНО** ZATVORENO
ABIERTO	**ОТВОРЕНО** OTVORENO
PARA SEÑORAS	**ЗА ЖЕНЕ** ZA ŽENE
PARA CABALLEROS	**ЗА МУШКАРЦЕ** ZA MUŠKARCE

Preguntas

¿Dónde?

Где?
Gde?

¿A dónde?

Куда?
Kuda?

¿De dónde?

Одакле?
Odakle?

¿Por qué?

Зашто?
Zašto?

¿Con que razón?

Из ког разлога?
Iz kog razloga?

¿Cuándo?

Када?
Kada?

¿Cuánto tiempo?

Колико дуго?
Koliko dugo?

¿A qué hora?

У колико сати?
U koliko sati?

¿Cuánto?

Колико?
Koliko?

¿Tiene ...?

Имате ли ...?
Imate li ...?

¿Dónde está ...?

Где се налази ...?
Gde se nalazi ...?

¿Qué hora es?

Колико је сати?
Koliko je sati?

¿Puedo llamar, por favor?

Смем ли да телефонирам?
Smem li da telefoniram?

¿Quién es?

Ко је тамо?
Ko je tamo?

¿Se puede fumar aquí?

Да ли се овде пуши?
Da li se ovde puši?

¿Puedo ...?

Смем ли ...?
Smem li ...?

Necesidades

Quisiera …	**Волео /Волела/ бих …** Voleo /Volela/ bih …
No quiero …	**Не желим …** Ne želim …
Tengo sed.	**Жедан /Жедна/ сам.** Žedan /Žedna/ sam
Tengo sueño.	**Хоћу да спавам.** Hoću da spavam
Quiero …	**Хоћу …** Hoću …
lavarme	**да се освежим** da se osvežim
cepillarme los dientes	**да оперем зубе** da operem zube
descansar un momento	**да се мало одморим** da se malo odmorim
cambiarme de ropa	**да се пресвучем** da se presvučem
volver al hotel	**да се вратим у хотел** da se vratim u hotel
comprar …	**да купим …** da kupim …
ir a …	**да идем до …** da idem do …
visitar …	**да посетим …** da posetim …
quedar con …	**да се нађем са …** da se nađem sa …
hacer una llamada	**да телефонирам** da telefoniram
Estoy cansado /cansada/.	**Уморан /Уморна/ сам.** Umoran /Umorna/ sam
Estamos cansados /cansadas/.	**Ми смо уморни.** Mi smo umorni
Tengo frío.	**Хладно ми је.** Hladno mi je
Tengo calor.	**Вруће ми је.** Vruće mi je
Estoy bien.	**Добро сам.** Dobro sam

Tengo que hacer una llamada.

Треба да телефонирам.
Treba da telefoniram

Necesito ir al servicio.

Морам до тоалета.
Moram do toaleta

Me tengo que ir.

Морам да идем.
Moram da idem

Me tengo que ir ahora.

Морам одмах да идем.
Moram odmah da idem

Preguntar por direcciones

Perdone, …	**Извините …** Izvinite …
¿Dónde está …?	**Где се налази …?** Gde se nalazi …?
¿Por dónde está …?	**Куда до …?** Kuda do …?
¿Puede ayudarme, por favor?	**Можете ли ми, молим вас, помоћи?** Možete li mi, molim vas, pomoći?
Busco …	**Тражим …** Tražim …
Busco la salida.	**Тражим излаз.** Tražim izlaz
Voy a …	**Идем до …** Idem do …
¿Voy bien por aquí para …?	**Јесам ли на правом путу до …?** Jesam li na pravom putu do …?
¿Está lejos?	**Да ли је далеко?** Da li je daleko?
¿Puedo llegar a pie?	**Могу ли до тамо пешке?** Mogu li do tamo peške?
¿Puede mostrarme en el mapa?	**Можете ли да ми покажете на мапи?** Možete li da mi pokažete na mapi?
Por favor muestreme dónde estamos.	**Покажите ми где смо ми сада.** Pokažite mi gde smo mi sada
Aquí	**Овде** Ovde
Allí	**Тамо** Tamo
Por aquí	**Овим путем** Ovim putem
Gire a la derecha.	**Скрените десно.** Skrenite desno
Gire a la izquierda.	**Скрените лево.** Skrenite levo
la primera (segunda, tercera) calle	**прво (друго, треће) скретање** prvo (drugo, treće) skretanje
a la derecha	**десно** desno

a la izquierda

лево
levo

Siga recto.

Идите само право.
Idite samo pravo

Carteles

¡BIENVENIDO!	**ДОБРОДОШЛИ!** DOBRODOŠLI!
ENTRADA	**УЛАЗ** ULAZ
SALIDA	**ИЗЛАЗ** IZLAZ

EMPUJAR	**ГУРАЈ** GURAJ
TIRAR	**ВУЦИ** VUCI
ABIERTO	**ОТВОРЕНО** OTVORENO
CERRADO	**ЗАТВОРЕНО** ZATVORENO

PARA SEÑORAS	**ЗА ЖЕНЕ** ZA ŽENE
PARA CABALLEROS	**ЗА МУШКАРЦЕ** ZA MUŠKARCE
CABALLEROS	**МУШКАРЦИ** MUŠKARCI
SEÑORAS	**ЖЕНЕ** ŽENE

REBAJAS	**ПРОДАЈА** PRODAJA
VENTA	**РАСПРОДАЈА** RASPRODAJA
GRATIS	**БЕСПЛАТНО** BESPLATNO
¡NUEVO!	**НОВО!** NOVO!
ATENCIÓN	**ПАЖЊА!** PAŽNJA!

COMPLETO	**НЕМА СЛОБОДНИХ МЕСТА** NEMA SLOBODNIH MESTA
RESERVADO	**РЕЗЕРВИСАНО** REZERVISANO
ADMINISTRACIÓN	**АДМИНИСТРАЦИЈА** ADMINISTRACIJA
SÓLO PERSONAL AUTORIZADO	**САМО ЗА ЗАПОСЛЕНЕ** SAMO ZA ZAPOSLENE

CUIDADO CON EL PERRO	**ПАС УЈЕДА!** PAS UJEDA!
NO FUMAR	**ЗАБРАЊЕНО ПУШЕЊЕ!** ZABRANJENO PUŠENJE!
NO TOCAR	**НЕ ПИПАЈ!** NE PIPAJ!
PELIGROSO	**ОПАСНО** OPASNO
PELIGRO	**ОПАСНОСТ** OPASNOST
ALTA TENSIÓN	**ВИСОК НАПОН** VISOK NAPON
PROHIBIDO BAÑARSE	**ЗАБРАЊЕНО ПЛИВАЊЕ!** ZABRANJENO PLIVANJE!
FUERA DE SERVICIO	**НЕ РАДИ** NE RADI
INFLAMABLE	**ЗАПАЉИВО** ZAPALJIVO
PROHIBIDO	**ЗАБРАЊЕНО** ZABRANJENO
PROHIBIDO EL PASO	**ЗАБРАЊЕН ПРОЛАЗ!** ZABRANJEN PROLAZ!
RECIÉN PINTADO	**СВЕЖЕ ОКРЕЧЕНО** SVEŽE OKREČENO
CERRADO POR RENOVACIÓN	**ЗАТВОРЕНО ЗБОГ РЕНОВИРАЊА** ZATVORENO ZBOG RENOVIRANJA
EN OBRAS	**РАДОВИ НА ПУТУ** RADOVI NA PUTU
DESVÍO	**ОБИЛАЗАК** OBILAZAK

Transporte. Frases generales

el avión	**авион** avion
el tren	**воз** voz
el bus	**аутобус** autobus
el ferry	**трајект** trajekt
el taxi	**такси** taksi
el coche	**ауто** auto

el horario	**ред вожње** red vožnje
¿Dónde puedo ver el horario?	**Где могу да видим ред вожње?** Gde mogu da vidim red vožnje?
días laborables	**радни дани** radni dani
fines de semana	**викенди** vikendi
días festivos	**празници** praznici

SALIDA	**ОДЛАЗАК** ODLAZAK
LLEGADA	**ДОЛАЗАК** DOLAZAK
RETRASADO	**КАСНИ** KASNI
CANCELADO	**ОТКАЗАН** OTKAZAN

siguiente (tren, etc.)	**следећи** sledeći
primero	**први** prvi
último	**последњи** poslednji

¿Cuándo pasa el siguiente ...?	**Када је следећи ...?** Kada je sledeći ...?
¿Cuándo pasa el primer ...?	**Када је први ...?** Kada je prvi ...?

¿Cuándo pasa el último …?

Када је последњи …?
Kada je poslednji …?

el trasbordo (cambio de trenes, etc.)

преседање
presedanje

hacer un trasbordo

имати преседање
imati presedanje

¿Tengo que hacer un trasbordo?

Треба ли да преседам?
Treba li da presedam?

Comprar billetes

¿Dónde puedo comprar un billete?	**Где могу да купим карте?** Gde mogu da kupim karte?
el billete	**карта** karta
comprar un billete	**купити карту** kupiti kartu
precio del billete	**цена карте** cena karte

¿Para dónde?	**Куда?** Kuda?
¿A qué estación?	**До које станице?** Do koje stanice?
Necesito …	**Треба ми …** Treba mi …
un billete	**једна карта** jedna karta
dos billetes	**две карте** dve karte
tres billetes	**три карте** tri karte

sólo ida	**у једном правцу** u jednom pravcu
ida y vuelta	**повратна** povratna
en primera (primera clase)	**прва класа** prva klasa
en segunda (segunda clase)	**друга класа** druga klasa

hoy	**данас** danas
mañana	**сутра** sutra
pasado mañana	**прекосутра** prekosutra
por la mañana	**ујутру** ujutru
por la tarde	**после подне** posle podne
por la noche	**увече** uveče

asiento de pasillo	**седиште до пролаза** sedište do prolaza
asiento de ventanilla	**седиште поред прозора** sedište pored prozora
¿Cuánto cuesta?	**Колико?** Koliko?
¿Puedo pagar con tarjeta?	**Могу ли да платим кредитном картицом?** Mogu li da platim kreditnom karticom?

Autobús

el autobús	**Аутобус** Autobus
el autobús interurbano	**међуградски аутобус** međugradski autobus
la parada de autobús	**аутобуска станица** autobuska stanica
¿Dónde está la parada de autobuses más cercana?	**Где је најближа аутобуска станица?** Gde je najbliža autobuska stanica?
número	**број** broj
¿Qué autobús tengo que tomar para ...?	**Којим аутобусом стижем до ...?** Kojim autobusom stižem do ...?
¿Este autobús va a ...?	**Да ли овај аутобус иде до ...?** Da li ovaj autobus ide do ...?
¿Cada cuanto pasa el autobús?	**Колико често иду аутобуси?** Koliko često idu autobusi?
cada 15 minutos	**сваких 15 минута** svakih 15 minuta
cada media hora	**сваких пола сата** svakih pola sata
cada hora	**сваки сат** svaki sat
varias veces al día	**неколико пута дневно** nekoliko puta dnevno
... veces al día	**... пута дневно** ... puta dnevno
el horario	**ред вожње** red vožnje
¿Dónde puedo ver el horario?	**Где могу да видим ред вожње?** Gde mogu da vidim red vožnje?
¿Cuándo pasa el siguiente autobús?	**Када је следећи аутобус?** Kada je sledeći autobus?
¿Cuándo pasa el primer autobús?	**Када је први аутобус?** Kada je prvi autobus?
¿Cuándo pasa el último autobús?	**Када је последњи аутобус?** Kada je poslednji autobus?
la parada	**станица** stanica
la siguiente parada	**следећа станица** sledeća stanica

la última parada

последња станица
poslednja stanica

Pare aquí, por favor.

Станите овде, молим вас.
Stanite ovde, molim vas

Perdone, esta es mi parada.

Извините, ово је моја станица.
Izvinite, ovo je moja stanica

Tren

el tren	**воз** voz
el tren de cercanías	**приградски воз** prigradski voz
el tren de larga distancia	**међуградски воз** međugradski voz
la estación de tren	**железничка станица** železnička stanica
Perdone, ¿dónde está la salida al anden?	**Извините, где је излаз до перона?** Izvinite, gde je izlaz do perona?
¿Este tren va a …?	**Да ли овај воз иде до …?** Da li ovaj voz ide do …?
el siguiente tren	**следећи воз** sledeći voz
¿Cuándo pasa el siguiente tren?	**Када полази следећи воз?** Kada polazi sledeći voz?
¿Dónde puedo ver el horario?	**Где могу да видим ред вожње?** Gde mogu da vidim red vožnje?
¿De qué andén?	**Са ког перона?** Sa kog perona?
¿Cuándo llega el tren a …?	**Када воз стиже у …?** Kada voz stiže u …?
Ayudeme, por favor.	**Молим вас, помозите ми.** Molim vas, pomozite mi
Busco mi asiento.	**Тражим своје место.** Tražim svoje mesto
Buscamos nuestros asientos.	**Ми тражимо своја места.** Mi tražimo svoja mesta
Mi asiento está ocupado.	**Моје место је заузето.** Moje mesto je zauzeto
Nuestros asientos están ocupados.	**Наша места су заузета.** Naša mesta su zauzeta
Perdone, pero ese es mi asiento.	**Извините, али ово је моје место.** Izvinite, ali ovo je moje mesto
¿Está libre?	**Да ли је ово место заузето?** Da li je ovo mesto zauzeto?
¿Puedo sentarme aquí?	**Могу ли овде да седнем?** Mogu li ovde da sednem?

En el tren. Diálogo (Sin billete)

Su billete, por favor.	**Карту, молим вас.** Kartu, molim vas
No tengo billete.	**Немам карту.** Nemam kartu
He perdido mi billete.	**Изгубио сам карту.** Izgubio sam kartu
He olvidado mi billete en casa.	**Заборавио сам карту код куће.** Zaboravio sam kartu kod kuće
Le puedo vender un billete.	**Од мене можете купити карту.** Od mene možete kupiti kartu
También deberá pagar una multa.	**Такође ћете морати да платите казну.** Takođe ćete morati da platite kaznu
Vale.	**У реду.** U redu
¿A dónde va usted?	**Где идете?** Gde idete?
Voy a …	**Идем до …** Idem do …
¿Cuánto es? No lo entiendo.	**Колико? Не разумем.** Koliko? Ne razumem
Escríbalo, por favor.	**Напишите, молим вас.** Napišite, molim vas
Vale. ¿Puedo pagar con tarjeta?	**У реду. Да ли могу да платим кредитном картицом?** U redu. Da li mogu da platim kreditnom karticom?
Sí, puede.	**Да, можете.** Da, možete
Aquí está su recibo.	**Изволите рачун.** Izvolite račun
Disculpe por la multa.	**Извините због казне.** Izvinite zbog kazne
No pasa nada. Fue culpa mía.	**У реду је. Моја грешка.** U redu je. Moja greška
Disfrute su viaje.	**Уживајте у путовању.** Uživajte u putovanju

Taxi

taxi	**такси** taksi
taxista	**таксиста** taksista
coger un taxi	**ухватити такси** uhvatiti taksi
parada de taxis	**такси станица** taksi stanica
¿Dónde puedo coger un taxi?	**Где могу да нађем такси?** Gde mogu da nađem taksi?
llamar a un taxi	**позвати такси** pozvati taksi
Necesito un taxi.	**Треба ми такси.** Treba mi taksi
Ahora mismo.	**Одмах.** Odmah
¿Cuál es su dirección?	**Која је ваша адреса?** Koja je vaša adresa?
Mi dirección es …	**Моја адреса је …** Moja adresa je …
¿Cuál es el destino?	**Докле идете?** Dokle idete?
Perdone, …	**Извините …** Izvinite …
¿Está libre?	**Да ли сте слободни?** Da li ste slobodni?
¿Cuánto cuesta ir a …?	**Колико кошта до …?** Koliko košta do …?
¿Sabe usted dónde está?	**Да ли знате где је?** Da li znate gde je?
Al aeropuerto, por favor.	**Аеродром, молим.** Aerodrom, molim
Pare aquí, por favor.	**Станите овде, молим вас.** Stanite ovde, molim vas
No es aquí.	**Није овде.** Nije ovde
La dirección no es correcta.	**Ово је погрешна адреса.** Ovo je pogrešna adresa
Gire a la izquierda.	**скрените лево** skrenite levo
Gire a la derecha.	**скрените десно** skrenite desno

¿Cuánto le debo?	**Колико вам дугујем?** Koliko vam dugujem?
¿Me da un recibo, por favor?	**Рачун, молим.** Račun, molim
Quédese con el cambio.	**Задржите кусур.** Zadržite kusur

Espéreme, por favor.	**Да ли бисте ме сачекали,** **молим вас?** Da li biste me sačekali, molim vas?
cinco minutos	**пет минута** pet minuta
diez minutos	**десет минута** deset minuta
quince minutos	**петнаест минута** petnaest minuta
veinte minutos	**двадесет минута** dvadeset minuta
media hora	**пола сата** pola sata

Hotel

Hola.	**Добар дан.** Dobar dan
Me llamo …	**Ја се зовем …** Ja se zovem …
Tengo una reserva.	**Имам резервацију.** Imam rezervaciju
Necesito …	**Треба ми …** Treba mi …
una habitación individual	**једнокреветна соба** jednokrevetna soba
una habitación doble	**двокреветна соба** dvokrevetna soba
¿Cuánto cuesta?	**Колико је то?** Koliko je to?
Es un poco caro.	**То је мало скупо.** To je malo skupo
¿Tiene alguna más?	**Да ли имате неку другу могућност?** Da li imate neku drugu mogućnost?
Me quedo.	**Узећу то.** Uzeću to
Pagaré en efectivo.	**Платићу готовином.** Platiću gotovinom
Tengo un problema.	**Имам проблем.** Imam problem
Mi … no funciona.	**Мој … је сломљен** **/Моја… је сломљена/.** Moj … je slomljen /slomljena/
Mi … está fuera de servicio.	**Мој /Моја/ … не ради.** Moj /Moja/ … ne radi
televisión	**телевизор** televizor
aire acondicionado	**клима уређај** klima uređaj
grifo	**славина** slavina
ducha	**туш** tuš
lavabo	**лавабо** lavabo

caja fuerte	**сеф** sef
cerradura	**брава** brava
enchufe	**електрична утичница** električna utičnica
secador de pelo	**фен** fen

No tengo …	**Немам …** Nemam …
agua	**воде** vode
luz	**светла** svetla
electricidad	**струје** struje

¿Me puede dar …?	**Можете ли ми дати …?** Možete li mi dati …?
una toalla	**пешкир** peškir
una sábana	**ћебе** ćebe
unas chanclas	**папуче** papuče
un albornoz	**баде-мантил** bade-mantil
un champú	**мало шампона** malo šampona
jabón	**мало сапуна** malo sapuna

Quisiera cambiar de habitación.	**Хоћу да заменим собу.** Hoću da zamenim sobu
No puedo encontrar mi llave.	**Не могу да нађем свој кључ.** Ne mogu da nađem svoj ključ
Por favor abra mi habitación.	**Можете ли ми отворити собу, молим вас?** Možete li mi otvoriti sobu, molim vas?

¿Quién es?	**Ко је тамо?** Ko je tamo?
¡Entre!	**Уђите!** Uđite!
¡Un momento!	**Само тренутак!** Samo trenutak!
Ahora no, por favor.	**Не сада, молим вас.** Ne sada, molim vas
Venga a mi habitación, por favor.	**Дођите у моју собу, молим вас.** Dođite u moju sobu, molim vas

Quisiera hacer un pedido.	**Хтео бих да поручим храну.** Hteo bih da poručim hranu
Mi número de habitación es …	**Број моје собе је …** Broj moje sobe je …

Me voy …	**Одлазим …** Odlazim …
Nos vamos …	**Ми одлазимо …** Mi odlazimo …
Ahora mismo	**одмах** odmah
esta tarde	**овог поподнева** ovog popodneva
esta noche	**вечерас** večeras
mañana	**сутра** sutra
mañana por la mañana	**сутра ујутру** sutra ujutru
mañana por la noche	**сутра увече** sutra uveče
pasado mañana	**прекосутра** prekosutra

Quisiera pagar la cuenta.	**Хтео бих да платим.** Hteo bih da platim
Todo ha estado estupendo.	**Све је било дивно.** Sve je bilo divno
¿Dónde puedo coger un taxi?	**Где могу да нађем такси?** Gde mogu da nađem taksi?
¿Puede llamarme un taxi, por favor?	**Да ли бисте ми позвали такси, молим вас?** Da li biste mi pozvali taksi, molim vas?

Restaurante

¿Puedo ver el menú, por favor?

Могу ли да погледам мени, молим вас?
Mogu li da pogledam meni, molim vas?

Mesa para uno.

Сто за једног.
Sto za jednog

Somos dos (tres, cuatro).

Има нас двоје (троје, четворо).
Ima nas dvoje (troje, četvoro)

Para fumadores

За пушаче
Za pušače

Para no fumadores

За непушаче
Za nepušače

¡Por favor! (llamar al camarero)

Конобар!
Konobar!

la carta

мени
meni

la carta de vinos

винска карта
vinska karta

La carta, por favor.

Мени, молим вас.
Meni, molim vas

¿Está listo para pedir?

Да ли сте спремни да наручите?
Da li ste spremni da naručite?

¿Qué quieren pedir?

Шта бисте хтели?
Šta biste hteli?

Yo quiero …

Ја ћу …
Ja ću …

Soy vegetariano.

Ја сам вегетеријанац /вегетаријанка/.
Ja sam vegeterijanac /vegetarijanka/

carne

месо
meso

pescado

рибу
ribu

verduras

поврђе
povrće

¿Tiene platos para vegetarianos?

Имате ли вегетеријанска јела?
Imate li vegeterijanska jela?

No como cerdo.

Не једем свињетину.
Ne jedem svinjetinu

Él /Ella/ no come carne.

Он /Она/ не једе месо.
On /Ona/ ne jede meso

Soy alérgico a ...

Алергичан /Алергична/ сам на ...
Alergičan /Alergična/ sam na ...

¿Me puede traer ..., por favor?

Да ли бисте ми,
молим вас, донели ...
Da li biste mi,
molim vas, doneli ...

sal | pimienta | azúcar

со | бибер | шећер
so | biber | šećer

café | té | postre

кафу | чај | дезерт
kafu | čaj | dezert

agua | con gas | sin gas

воду | газирану | негазирану
vodu | gaziranu | negaziranu

una cuchara | un tenedor | un cuchillo

кашику | виљушку | нож
kašiku | viljušku | nož

un plato | una servilleta

тањир | салвету
tanjir | salvetu

¡Buen provecho!

Пријатно!
Prijatno!

Uno más, por favor.

Још једно, молим.
Još jedno, molim

Estaba delicioso.

Било је изврсно.
Bilo je izvrsno

---

la cuenta | el cambio | la propina

рачун | кусур | бакшиш
račun | kusur | bakšiš

La cuenta, por favor.

Рачун, молим.
Račun, molim

¿Puedo pagar con tarjeta?

Могу ли да платим
кредитном картицом?
Mogu li da platim
kreditnom karticom?

Perdone, aquí hay un error.

Извините, овде је грешка.
Izvinite, ovde je greška

De Compras

¿Puedo ayudarle?	**Могу ли да вам помогнем?** Mogu li da vam pomognem?
¿Tiene ...?	**Имате ли ...?** Imate li ...?
Busco ...	**Тражим ...** Tražim ...
Necesito ...	**Треба ми ...** Treba mi ...

Sólo estoy mirando.	**Само гледам.** Samo gledam
Sólo estamos mirando.	**Само гледамо.** Samo gledamo
Volveré más tarde.	**Вратићу се касније.** Vratiću se kasnije
Volveremos más tarde.	**Вратићемо се касније.** Vratićemo se kasnije
descuentos | oferta	**попусти | распродаја** popusti | rasprodaja

Por favor, enséñeme ...	**Да ли бисте ми, молим вас,** **показали ...** Da li biste mi, molim vas, pokazali ...
¿Me puede dar ..., por favor?	**Да ли бисте ми, молим вас, дали ...** Da li biste mi, molim vas, dali ...
¿Puedo probarmelo?	**Могу ли да пробам?** Mogu li da probam?
Perdone, ¿dónde están los probadores?	**Извините, где је кабина** **за пресвлачење?** Izvinite, gde je kabina za presvlačenje?
¿Qué color le gustaría?	**Коју боју бисте хтели?** Koju boju biste hteli?
la talla | el largo	**величина | дужина** veličina | dužina
¿Cómo le queda? (¿Está bien?)	**Како ми стоји?** Kako mi stoji?
¿Cuánto cuesta esto?	**Колико кошта?** Koliko košta?
Es muy caro.	**То је прескупо.** To je preskupo
Me lo llevo.	**Узећу то.** Uzeću to

Perdone, ¿dónde está la caja?	**Извините, где се плаћа?** Izvinite, gde se plaća?
¿Pagará en efectivo o con tarjeta?	**Плаћате ли готовином или** **кредитном картицом?** Plaćate li gotovinom ili kreditnom karticom?
en efectivo | con tarjeta	**Готовином | кредитном картицом** Gotovinom | kreditnom karticom
¿Quiere el recibo?	**Желите ли рачун?** Želite li račun?
Sí, por favor.	**Да, молим.** Da, molim
No, gracias.	**Не, у реду је.** Ne, u redu je
Gracias. ¡Que tenga un buen día!	**Хвала. Пријатно!** Hvala. Prijatno!

En la ciudad

Perdone, por favor.	**Извините, молим вас ...** Izvinite, molim vas ...
Busco ...	**Тражим ...** Tražim ...
el metro	**метро** metro
mi hotel	**свој хотел** svoj hotel

el cine	**биоскоп** bioskop
una parada de taxis	**такси станицу** taksi stanicu
un cajero automático	**банкомат** bankomat
una oficina de cambio	**мењачницу** menjačnicu

un cibercafé	**интернет кафе** internet kafe
la calle ...	**улицу ...** ulicu ...
este lugar	**ово место** ovo mesto

¿Sabe usted dónde está ...?	**Знате ли где је ...?** Znate li gde je ...?
¿Cómo se llama esta calle?	**Која је ово улица?** Koja je ovo ulica?
Muestreme dónde estamos ahora.	**Покажите ми где смо ми сада.** Pokažite mi gde smo mi sada
¿Puedo llegar a pie?	**Могу ли до тамо пешке?** Mogu li do tamo peške?
¿Tiene un mapa de la ciudad?	**Имате ли мапу града?** Imate li mapu grada?

¿Cuánto cuesta la entrada?	**Колико кошта улазница?** Koliko košta ulaznica?
¿Se pueden hacer fotos aquí?	**Могу ли овде да се сликам?** Mogu li ovde da se slikam?
¿Está abierto?	**Да ли радите?** Da li radite?

¿A qué hora abren?   **Када отварате?**
                                        Kada otvarate?

¿A qué hora cierran?   **Када затварате?**
                                        Kada zatvarate?

Dinero

dinero	**новац** novac
efectivo	**готовина** gotovina
billetes	**папирни новац** papirni novac
monedas	**кусур, ситниш** kusur, sitniš
la cuenta | el cambio | la propina	**рачун | кусур | бакшиш** račun | kusur | bakšiš
la tarjeta de crédito	**кредитна картица** kreditna kartica
la cartera	**новчаник** novčanik
comprar	**купити** kupiti
pagar	**платити** platiti
la multa	**казна** kazna
gratis	**бесплатно** besplatno
¿Dónde puedo comprar …?	**Где могу да купим …?** Gde mogu da kupim …?
¿Está el banco abierto ahora?	**Да ли је банка отворена сада?** Da li je banka otvorena sada?
¿A qué hora abre?	**Када се отвара?** Kada se otvara?
¿A qué hora cierra?	**Када се затвара?** Kada se zatvara?
¿Cuánto cuesta?	**Колико?** Koliko?
¿Cuánto cuesta esto?	**Колико ово кошта?** Koliko ovo košta?
Es muy caro.	**То је прескупо.** To je preskupo
Perdone, ¿dónde está la caja?	**Извините, где се плаћа?** Izvinite, gde se plaća?
La cuenta, por favor.	**Рачун, молим.** Račun, molim

¿Puedo pagar con tarjeta?	**Могу ли да платим кредитном картицом?** Mogu li da platim kreditnom karticom?
¿Hay un cajero por aquí?	**Да ли овде негде има банкомат?** Da li ovde negde ima bankomat?
Busco un cajero automático.	**Тражим банкомат.** Tražim bankomat
Busco una oficina de cambio.	**Тражим мењачницу.** Tražim menjačnicu
Quisiera cambiar ...	**Хтео бих да заменим ...** Hteo bih da zamenim ...
¿Cuál es el tipo de cambio?	**Колики је курс?** Koliki je kurs?
¿Necesita mi pasaporte?	**Да ли вам треба мој пасош?** Da li vam treba moj pasoš?

Tiempo

¿Qué hora es?	**Колико је сати?** Koliko je sati?
¿Cuándo?	**Када?** Kada?
¿A qué hora?	**У колико сати?** U koliko sati?
ahora | luego | después de ...	**сада | касније | после ...** sada | kasnije | posle ...
la una	**један сат** jedan sat
la una y cuarto	**један и петнаест** jedan i petnaest
la una y medio	**пола два** pola dva
las dos menos cuarto	**петнаест до два** petnaest do dva
una | dos | tres	**један | два | три** jedan | dva | tri
cuatro | cinco | seis	**четири | пет | шест** četiri | pet | šest
siete | ocho | nueve	**седам | осам | девет** sedam | osam | devet
diez | once | doce	**десет | једанаест | дванаест** deset | jedanaest | dvanaest
en ...	**за ...** za ...
cinco minutos	**пет минута** pet minuta
diez minutos	**десет минута** deset minuta
quince minutos	**петнаест минута** petnaest minuta
veinte minutos	**двадесет минута** dvadeset minuta
media hora	**пола сата** pola sata
una hora	**сат времена** sat vremena
por la mañana	**ујутру** ujutru

por la mañana temprano	**рано ујутру** rano ujutru
esta mañana	**овог јутра** ovog jutra
mañana por la mañana	**сутра ујутру** sutra ujutru
al mediodía	**за време ручка** za vreme ručka
por la tarde	**после подне** posle podne
por la noche	**увече** uveče
esta noche	**вечерас** večeras
por la noche	**ноћу** noću
ayer	**јуче** juče
hoy	**данас** danas
mañana	**сутра** sutra
pasado mañana	**прекосутра** prekosutra
¿Qué día es hoy?	**Који је данас дан?** Koji je danas dan?
Es …	**Данас је …** Danas je …
lunes	**Понедељак** Ponedeljak
martes	**Уторак** Utorak
miércoles	**Среда** Sreda
jueves	**Четвртак** Četvrtak
viernes	**Петак** Petak
sábado	**Субота** Subota
domingo	**Недеља** Nedelja

Saludos. Presentaciones.

Hola.	**Здраво.** Zdravo
Encantado /Encantada/ de conocerle.	**Драго ми је што смо се упознали.** Drago mi je što smo se upoznali
Yo también.	**И мени.** I meni
Le presento a …	**Хтео бих да упознаш …** Hteo bih da upoznaš …
Encantado.	**Драго ми је што смо се упознали.** Drago mi je što smo se upoznali
¿Cómo está?	**Како сте?** Kako ste?
Me llamo …	**Ја се зовем …** Ja se zovem …
Se llama …	**Он се зове …** On se zove …
Se llama …	**Она се зове …** Ona se zove …
¿Cómo se llama (usted)?	**Како се ви зовете?** Kako se vi zovete?
¿Cómo se llama (él)?	**Како се он зове?** Kako se on zove?
¿Cómo se llama (ella)?	**Како се она зове?** Kako se ona zove?
¿Cuál es su apellido?	**Како се презивате?** Kako se prezivate?
Puede llamarme …	**Можете ме звати …** Možete me zvati …
¿De dónde es usted?	**Одакле сте?** Odakle ste?
Yo soy de ….	**Ја сам из …** Ja sam iz …
¿A qué se dedica?	**Чиме се бавите?** Čime se bavite?
¿Quién es?	**Ко је ово?** Ko je ovo?
¿Quién es él?	**Ко је он?** Ko je on?
¿Quién es ella?	**Ко је она?** Ko je ona?
¿Quiénes son?	**Ко су они?** Ko su oni?

Este es …	**Ово је …** Ovo je …
mi amigo	**мој пријатељ** moj prijatelj
mi amiga	**моја пријатељица** moja prijateljica
mi marido	**мој муж** moj muž
mi mujer	**моја жена** moja žena
mi padre	**мој отац** moj otac
mi madre	**моја мајка** moja majka
mi hermano	**мој брат** moj brat
mi hermana	**моја сестра** moja sestra
mi hijo	**мој син** moj sin
mi hija	**моја ћерка** moja ćerka
Este es nuestro hijo.	**Ово је наш син.** Ovo je naš sin
Esta es nuestra hija.	**Ово је наша ћерка.** Ovo je naša ćerka
Estos son mis hijos.	**Ово су моја деца.** Ovo su moja deca
Estos son nuestros hijos.	**Ово су наша деца.** Ovo su naša deca

Despedidas

¡Adiós!	**Довиђења!** Doviđenja!
¡Chau!	**Ћао!** Ćao!
Hasta mañana.	**Видимо се сутра.** Vidimo se sutra
Hasta pronto.	**Видимо се ускоро.** Vidimo se uskoro
Te veo a las siete.	**Видимо се у седам.** Vidimo se u sedam
¡Que se diviertan!	**Лепо се проведите!** Lepo se provedite!
Hablamos más tarde.	**Чујемо се касније.** Čujemo se kasnije
Que tengas un buen fin de semana.	**Леп викенд.** Lep vikend
Buenas noches.	**Лаку ноћ.** Laku noć
Es hora de irme.	**Време је да кренем.** Vreme je da krenem
Tengo que irme.	**Морам да кренем.** Moram da krenem
Ahora vuelvo.	**Одмах се враћам.** Odmah se vraćam
Es tarde.	**Касно је.** Kasno je
Tengo que levantarme temprano.	**Морам рано да устанем.** Moram rano da ustanem
Me voy mañana.	**Одлазим сутра.** Odlazim sutra
Nos vamos mañana.	**Одлазимо сутра.** Odlazimo sutra
¡Que tenga un buen viaje!	**Лепо се проведите на путу!** Lepo se provedite na putu!
Ha sido un placer.	**Драго ми је што смо се упознали.** Drago mi je što smo se upoznali
Fue un placer hablar con usted.	**Драго ми је што смо поразговарали.** Drago mi je što smo porazgovarali
Gracias por todo.	**Хвала на свему.** Hvala na svemu

Lo he pasado muy bien.　　　　　**Лепо сам се провео /провела/.**
　　　　　　　　　　　　　　　Lepo sam se proveo /provela/

Lo pasamos muy bien.　　　　　**Лепо смо се провели.**
　　　　　　　　　　　　　　　Lepo smo se proveli

Fue genial.　　　　　　　　　　**Било је супер.**
　　　　　　　　　　　　　　　Bilo je super

Le voy a echar de menos.　　　　**Недостајаћете ми.**
　　　　　　　　　　　　　　　Nedostajaćete mi

Le vamos a echar de menos.　　　**Недостајаћете нам.**
　　　　　　　　　　　　　　　Nedostajaćete nam

¡Suerte!　　　　　　　　　　　**Срећно!**
　　　　　　　　　　　　　　　Srećno!

Saludos a …　　　　　　　　　　**Поздравите …**
　　　　　　　　　　　　　　　Pozdravite …

Idioma extranjero

No entiendo.	**Не разумем.** Ne razumem
Escríbalo, por favor.	**Можете ли то записати?** Možete li to zapisati?
¿Habla usted ...?	**Да ли говорите ...?** Da li govorite ...?

Hablo un poco de ...	**Помало говорим ...** Pomalo govorim ...
inglés	**Енглески** Engleski
turco	**Турски** Turski
árabe	**Арапски** Arapski
francés	**Француски** Francuski

alemán	**Немачки** Nemački
italiano	**Италијански** Italijanski
español	**Шпански** Španski
portugués	**Португалски** Portugalski
chino	**Кинески** Kineski
japonés	**Јапански** Japanski

¿Puede repetirlo, por favor?	**Можете ли то да поновите, молим вас.** Možete li to da ponovite, molim vas
Lo entiendo.	**Разумем.** Razumem
No entiendo.	**Не разумем.** Ne razumem
Hable más despacio, por favor.	**Молим вас, говорите спорије.** Molim vas, govorite sporije

¿Está bien?

Јел' тако?
Jel' tako?

¿Qué es esto? (¿Que significa esto?)

Шта је ово?
Šta je ovo?

Disculpas

Perdone, por favor.	**Извините, молим вас.** Izvinite, molim vas
Lo siento.	**Извините.** Izvinite
Lo siento mucho.	**Jако ми је жао.** Jako mi je žao
Perdón, fue culpa mía.	**Извините, ja сам крив.** Izvinite, ja sam kriv
Culpa mía.	**Moja грешка.** Moja greška

¿Puedo …?	**Смем ли …?** Smem li …?
¿Le molesta si …?	**Да ли би вам сметало да …?** Da li bi vam smetalo da …?
¡No hay problema! (No pasa nada.)	**OK je.** OK je
Todo está bien.	**У реду је.** U redu je
No se preocupe.	**Не бринитe.** Ne brinite

Acuerdos

Sí.	**Да.** Da
Sí, claro.	**Да, свакако.** Da, svakako
Bien.	**Добро, важи!** Dobro, važi!
Muy bien.	**Врло добро.** Vrlo dobro
¡Claro que sí!	**Свакако!** Svakako!
Estoy de acuerdo.	**Слажем се.** Slažem se
Es verdad.	**Тако је.** Tako je
Es correcto.	**То је тачно.** To je tačno
Tiene razón.	**Ви сте у праву.** Vi ste u pravu
No me molesta.	**Не смета ми.** Ne smeta mi
Es completamente cierto.	**Потпуно тачно.** Potpuno tačno
Es posible.	**Могуће је.** Moguće je
Es una buena idea.	**То је добра идеја.** To je dobra ideja
No puedo decir que no.	**Не могу да одбијем.** Ne mogu da odbijem
Estaré encantado /encantada/.	**Биће ми задовољство.** Biće mi zadovoljstvo
Será un placer.	**Са задовољством.** Sa zadovoljstvom

Rechazo. Expresar duda

No.	**Не.** Ne
Claro que no.	**Нипошто.** Nipošto
No estoy de acuerdo.	**Не слажем се.** Ne slažem se
No lo creo.	**Не мислим тако.** Ne mislim tako
No es verdad.	**Није истина.** Nije istina
No tiene razón.	**Грешите.** Grešite
Creo que no tiene razón.	**Мислим да грешите.** Mislim da grešite
No estoy seguro /segura/.	**Нисам сигуран /сигурна/.** Nisam siguran /sigurna/
No es posible.	**Немогуће.** Nemoguće
¡Nada de eso!	**Нема шансе!** Nema šanse!
Justo lo contrario.	**Потпуно супротно.** Potpuno suprotno
Estoy en contra de ello.	**Ја сам против тога.** Ja sam protiv toga
No me importa. (Me da igual.)	**Баш ме брига.** Baš me briga
No tengo ni idea.	**Немам појма.** Nemam pojma
Dudo que sea así.	**Не мислим тако.** Ne mislim tako
Lo siento, no puedo.	**Жао ми је, не могу.** Žao mi je, ne mogu
Lo siento, no quiero.	**Жао ми је, не желим.** Žao mi je, ne želim
Gracias, pero no lo necesito.	**Хвала, али то ми није потребно.** Hvala, ali to mi nije potrebno
Ya es tarde.	**Већ је касно.** Već je kasno

Tengo que levantarme temprano.

Морам рано да устанем.
Moram rano da ustanem

Me encuentro mal.

Не осећам се добро.
Ne osećam se dobro

Expresar gratitud

Gracias.	**Хвала вам.** Hvala vam
Muchas gracias.	**Много вам хвала.** Mnogo vam hvala
De verdad lo aprecio.	**Заиста то ценим.** Zaista to cenim
Se lo agradezco.	**Заиста сам вам захвалан /захвална/.** Zaista sam vam zahvalan /zahvalna/
Se lo agradecemos.	**Заиста смо вам захвални.** Zaista smo vam zahvalni
Gracias por su tiempo.	**Хвала вам на времену.** Hvala vam na vremenu
Gracias por todo.	**Хвала на свему.** Hvala na svemu
Gracias por …	**Хвала вам на …** Hvala vam na …
su ayuda	**вашој помоћи** vašoj pomoći
tan agradable momento	**на лепом проводу** na lepom provodu
una comida estupenda	**лепом оброку** lepom obroku
una velada tan agradable	**лепој вечери** lepoj večeri
un día maravilloso	**дивном дану** divnom danu
un viaje increíble	**сјајном путовању** sjajnom putovanju
No hay de qué.	**Није то ништа.** Nije to ništa
De nada.	**Нема на чему.** Nema na čemu
Siempre a su disposición.	**У свако доба.** U svako doba
Encantado /Encantada/ de ayudarle.	**Било ми је задовољство.** Bilo mi je zadovoljstvo
No hay de qué.	**Заборавите на то.** Zaboravite na to
No tiene importancia.	**Не брините за то.** Ne brinite za to

Felicitaciones , Mejores Deseos

¡Felicidades!	**Честитам!** Čestitam!
¡Feliz Cumpleaños!	**Срећан рођендан!** Srećan rođendan!
¡Feliz Navidad!	**Срећан Божић!** Srećan Božić!
¡Feliz Año Nuevo!	**Срећна Нова година!** Srećna Nova godina!

| ¡Felices Pascuas! | **Срећан Ускрс!**
Srećan Uskrs! |
| ¡Feliz Hanukkah! | **Срећна Ханука!**
Srećna Hanuka! |

Quiero brindar.	**Хтео бих да наздравим.** Hteo bih da nazdravim
¡Salud!	**Живели!** Živeli!
¡Brindemos por ...!	**Попијмо у име ...!** Popijmo u ime ...!
¡A nuestro éxito!	**За наш успех!** Za naš uspeh!
¡A su éxito!	**За ваш успех!** Za vaš uspeh!

¡Suerte!	**Срећно!** Srećno!
¡Que tenga un buen día!	**Пријатан дан!** Prijatan dan!
¡Que tenga unas buenas vacaciones!	**Уживајте на одмору!** Uživajte na odmoru!
¡Que tenga un buen viaje!	**Срећан пут!** Srećan put!
¡Espero que se recupere pronto!	**Надам се да ћете се ускоро опоравити!** Nadam se da ćete se uskoro oporaviti!

Socializarse

¿Por qué está triste?	**Зашто си тужна?** Zašto si tužna?
¡Sonría! ¡Animese!	**Насмеши се! Разведри се!** Nasmeši se! Razvedri se!
¿Está libre esta noche?	**Да ли си слободна вечерас?** Da li si slobodna večeras?
¿Puedo ofrecerle algo de beber?	**Могу ли вам понудити пиће?** Mogu li vam ponuditi piće?
¿Querría bailar conmigo?	**Да ли сте за плес?** Da li ste za ples?
Vamos a ir al cine.	**Хајдемо у биоскоп.** Hajdemo u bioskop
¿Puedo invitarle a …?	**Могу ли вас позвати у …?** Mogu li vas pozvati u …?
un restaurante	**ресторан** restoran
el cine	**биоскоп** bioskop
el teatro	**позориште** pozorište
dar una vuelta	**у шетњу** u šetnju
¿A qué hora?	**У колико сати?** U koliko sati?
esta noche	**вечерас** večeras
a las seis	**у шест** u šest
a las siete	**у седам** u sedam
a las ocho	**у осам** u osam
a las nueve	**у девет** u devet
¿Le gusta este lugar?	**Да ли ти се допада овде?** Da li ti se dopada ovde?
¿Está aquí con alguien?	**Да ли си овде са неким?** Da li si ovde sa nekim?
Estoy con mi amigo /amiga/.	**Са пријатељем /пријатељицом/.** Sa prijateljem /prijateljicom/

Estoy con amigos.	**Са пријатељима.** Sa prijateljima
No, estoy solo /sola/.	**Не, сâм сам. /Не, сама сам/.** Ne, sâm sam. /Ne, sama sam/

¿Tienes novio?	**Да ли имаш дечка?** Da li imaš dečka?
Tengo novio.	**Имам дечка.** Imam dečka
¿Tienes novia?	**Да ли имаш девојку?** Da li imaš devojku?
Tengo novia.	**Имам девојку.** Imam devojku

¿Te puedo volver a ver?	**Могу ли опет да те видим?** Mogu li opet da te vidim?
¿Te puedo llamar?	**Могу ли да те позовем?** Mogu li da te pozovem?
Llámame.	**Позови ме.** Pozovi me
¿Cuál es tu número?	**Који ти је број телефона?** Koji ti je broj telefona?
Te echo de menos.	**Недостајеш ми.** Nedostaješ mi

¡Qué nombre tan bonito!	**Имате лепо име.** Imate lepo ime
Te quiero.	**Волим те.** Volim te
¿Te casarías conmigo?	**Удај се за мене.** Udaj se za mene
¡Está de broma!	**Шалите се!** Šalite se!
Sólo estoy bromeando.	**Само се шалим.** Samo se šalim

¿En serio?	**Да ли сте озбиљни?** Da li ste ozbiljni?
Lo digo en serio.	**Озбиљан сам.** Ozbiljan sam
¿De verdad?	**Стварно?!** Stvarno?!
¡Es increíble!	**То је невероватно!** To je neverovatno!
No le creo.	**Не верујем вам.** Ne verujem vam
No puedo.	**Не могу.** Ne mogu
No lo sé.	**Не знам.** Ne znam
No le entiendo.	**Не разумем те.** Ne razumem te

Váyase, por favor.

Молим вас, одлазите.
Molim vas, odlazite

¡Déjeme en paz!

Оставите ме на миру!
Ostavite me na miru!

Es inaguantable.

Не могу да га поднесем.
Ne mogu da ga podnesem

¡Es un asqueroso!

Одвратни сте!
Odvratni ste!

¡Llamaré a la policía!

Зваћу полицију!
Zvaću policiju!

Compartir impresiones. Emociones

Me gusta.	**Свиђа ми се то.** Sviđa mi se to
Muy lindo.	**Баш лепо.** Baš lepo
¡Es genial!	**То је супер!** To je super!
No está mal.	**Није лоше.** Nije loše
No me gusta.	**Не свиђа ми се.** Ne sviđa mi se
No está bien.	**Није добро.** Nije dobro
Está mal.	**Лоше је.** Loše je
Está muy mal.	**Много је лоше.** Mnogo je loše
¡Qué asco!	**Грозно је.** Grozno je
Estoy feliz.	**Срећан /Срећна/ сам.** Srećan /Srećna/ sam
Estoy contento /contenta/.	**Задовољан /Задовољна/ сам.** Zadovoljan /Zadovoljna/ sam
Estoy enamorado /enamorada/.	**Заљубљен /Заљубљена/ сам.** Zaljubljen /Zaljubljena/ sam
Estoy tranquilo.	**Миран /Мирна/ сам.** Miran /Mirna/ sam
Estoy aburrido.	**Досадно ми је.** Dosadno mi je
Estoy cansado /cansada/.	**Уморан /Уморна/ сам.** Umoran /Umorna/ sam
Estoy triste.	**Тужан /Тужна/ сам.** Tužan /Tužna/ sam
Estoy asustado.	**Уплашен /Уплашена/ сам.** Uplašen /Uplašena/ sam
Estoy enfadado /enfadada/.	**Љут /Љута/ сам.** Ljut /Ljuta/ sam
Estoy preocupado /preocupada/.	**Забринут /Забринута/ сам.** Zabrinut /Zabrinuta/ sam
Estoy nervioso /nerviosa/.	**Нервозан /Нервозна/ сам.** Nervozan /Nervozna/ sam

Estoy celoso /celosa/.

Љубоморан /Љубоморна/ сам.
Ljubomoran /Ljubomorna/ sam

Estoy sorprendido /sorprendida/.

Изненађен /Изненађена/ сам.
Iznenađen /Iznenađena/ sam

Estoy perplejo /perpleja/.

Збуњен /Збуњена/ сам.
Zbunjen /Zbunjena/ sam

Problemas, Accidentes

Tengo un problema. | **Имам проблем.**
Imam problem

Tenemos un problema. | **Имамо проблем.**
Imamo problem

Estoy perdido /perdida/. | **Изгубио /Изгубила/ сам се.**
Izgubio /Izgubila/ sam se

Perdi el último autobús (tren). | **Пропустио /пропустила/ сам последњи аутобус (воз).**
Propustio /propustila/ sam poslednji autobus (voz)

No me queda más dinero. | **Немам више новца.**
Nemam više novca

He perdido … | **Изгубио /Изгубила/ сам …**
Izgubio /Izgubila/ sam …

Me han robado … | **Неко ми је украо …**
Neko mi je ukrao …

mi pasaporte | **пасош**
pasoš

mi cartera | **новчаник**
novčanik

mis papeles | **папире**
papire

mi billete | **карту**
kartu

mi dinero | **новац**
novac

mi bolso | **ташну**
tašnu

mi cámara | **фото-апарат**
foto-aparat

mi portátil | **лаптоп**
laptop

mi tableta | **таблет рачунар**
tablet računar

mi teléfono | **мобилни телефон**
mobilni telefon

¡Ayúdeme! | **Помозите ми!**
Pomozite mi!

¿Qué pasó? | **Шта се десило?**
Šta se desilo?

el incendio	**пожар** požar
un tiroteo	**пуцњава** pucnjava
el asesinato	**убиство** ubistvo
una explosión	**експлозија** eksplozija
una pelea	**туча** tuča

¡Llame a la policía!	**Позовите полицију!** Pozovite policiju!
¡Más rápido, por favor!	**Молим вас, пожурите!** Molim vas, požurite!
Busco la comisaría.	**Тражим полицијску станицу.** Tražim policijsku stanicu
Tengo que hacer una llamada.	**Морам да телефонирам.** Moram da telefoniram
¿Puedo usar su teléfono?	**Могу ли да се послужим вашим телефоном?** Mogu li da se poslužim vašim telefonom?

Me han …	**Неко ме је …** Neko me je …
asaltado /asaltada/	**покрао** pokrao
robado /robada/	**опљачкао** opljačkao
violada	**силовао** silovao
atacado /atacada/	**напао** napao

¿Se encuentra bien?	**Да ли сте добро?** Da li ste dobro?
¿Ha visto quien a sido?	**Да ли сте видели ко је то био?** Da li ste videli ko je to bio?
¿Sería capaz de reconocer a la persona?	**Да ли бисте могли да препознате ту особу?** Da li biste mogli da prepoznate tu osobu?
¿Está usted seguro?	**Да ли сте сигурни?** Da li ste sigurni?

Por favor, cálmese.	**Молим вас, смирите се.** Molim vas, smirite se
¡Cálmese!	**Само полако!** Samo polako!
¡No se preocupe!	**Не брините!** Ne brinite!

Todo irá bien.	**Све ће бити у реду.** Sve će biti u redu
Todo está bien.	**Све је у реду.** Sve je u redu

Venga aquí, por favor.	**Дођите, молим вас.** Dođite, molim vas
Tengo unas preguntas para usted.	**Имам питања за вас.** Imam pitanja za vas
Espere un momento, por favor.	**Сачекајте, молим вас.** Sačekajte, molim vas
¿Tiene un documento de identidad?	**Имате ли исправе?** Imate li isprave?
Gracias. Puede irse ahora.	**Хвала. Можете ићи.** Hvala. Možete ići
¡Manos detrás de la cabeza!	**Руке иза главе!** Ruke iza glave!
¡Está arrestado!	**Ухапшени сте!** Uhapšeni ste!

Problemas de salud

Ayudeme, por favor.	**Молим вас, помозите ми.** Molim vas, pomozite mi
No me encuentro bien.	**Не осећам се добро.** Ne osećam se dobro
Mi marido no se encuentra bien.	**Мој муж се не осећа добро.** Moj muž se ne oseća dobro
Mi hijo …	**Мој син …** Moj sin …
Mi padre …	**Мој отац …** Moj otac …
Mi mujer no se encuentra bien.	**Моја жена се не осећа добро.** Moja žena se ne oseća dobro
Mi hija …	**Моја ћерка …** Moja ćerka …
Mi madre …	**Моја мајка …** Moja majka …
Me duele …	**Боли ме …** Boli me …
la cabeza	**глава** glava
la garganta	**грло** grlo
el estómago	**стомак** stomak
un diente	**зуб** zub
Estoy mareado.	**Врти ми се у глави.** Vrti mi se u glavi
Él tiene fiebre.	**Он има температуру.** On ima temperaturu
Ella tiene fiebre.	**Она има температуру.** Ona ima temperaturu
No puedo respirar.	**Не могу да дишем.** Ne mogu da dišem
Me ahogo.	**Не могу да удахнем.** Ne mogu da udahnem
Tengo asma.	**Ја сам асматичар /асматичарка/.** Ja sam asmatičar /asmatičarka/
Tengo diabetes.	**Ја сам дијабетичар /дијабетичарка/.** Ja sam dijabetičar /dijabetičarka/

No puedo dormir.

Не могу да спавам.
Ne mogu da spavam

intoxicación alimentaria

тровање храном
trovanje hranom

Me duele aquí.

Овде ме боли.
Ovde me boli

¡Ayúdeme!

Помозите ми!
Pomozite mi!

¡Estoy aquí!

Овде сам!
Ovde sam!

¡Estamos aquí!

Овде смо!
Ovde smo!

¡Saquenme de aquí!

Вадите ме одавде!
Vadite me odavde!

Necesito un médico.

Потребан ми је лекар.
Potreban mi je lekar

No me puedo mover.

Не могу да се померим.
Ne mogu da se pomerim

No puedo mover mis piernas.

Не могу да померам ноге.
Ne mogu da pomeram noge

Tengo una herida.

Имам рану.
Imam ranu

¿Es grave?

Да ли је озбиљно?
Da li je ozbiljno?

Mis documentos están en mi bolsillo.

Документа су ми у џепу.
Dokumenta su mi u džepu

¡Cálmese!

Смирите се!
Smirite se!

¿Puedo usar su teléfono?

Могу ли да се послужим вашим телефоном?
Mogu li da se poslužim vašim telefonom?

¡Llame a una ambulancia!

Позовите хитну помоћ!
Pozovite hitnu pomoć!

¡Es urgente!

Хитно је!
Hitno je!

¡Es una emergencia!

Хитан случај!
Hitan slučaj!

¡Más rápido, por favor!

Молим вас, пожурите!
Molim vas, požurite!

¿Puede llamar a un médico, por favor?

Молим вас, зовите доктора?
Molim vas, zovite doktora?

¿Dónde está el hospital?

Где је болница?
Gde je bolnica?

¿Cómo se siente?

Како се осећате?
Kako se osećate?

¿Se encuentra bien?

Да ли сте добро?
Da li ste dobro?

¿Qué pasó?

Шта се десило?
Šta se desilo?

Me encuentro mejor.

Сада се осећам боље.
Sada se osećam bolje

Está bien.

OK је.
OK je

Todo está bien.

У реду је.
U redu je

En la farmacia

la farmacia	**апотека** apoteka
la farmacia 24 horas	**дежурна апотека** dežurna apoteka
¿Dónde está la farmacia más cercana?	**Где је најближа апотека?** Gde je najbliža apoteka?

¿Está abierta ahora?	**Да ли је отворена сада?** Da li je otvorena sada?
¿A qué hora abre?	**Када се отвара?** Kada se otvara?
¿A qué hora cierra?	**Када се затвара?** Kada se zatvara?

¿Está lejos?	**Да ли је далеко?** Da li je daleko?
¿Puedo llegar a pie?	**Могу ли до тамо пешке?** Mogu li do tamo peške?
¿Puede mostrarme en el mapa?	**Можете ли да ми покажете на мапи?** Možete li da mi pokažete na mapi?

Por favor, deme algo para …	**Молим вас, дајте ми нешто за …** Molim vas, dajte mi nešto za …
un dolor de cabeza	**главобољу** glavobolju
la tos	**кашаљ** kašalj
el resfriado	**прехладу** prehladu
la gripe	**грип** grip

la fiebre	**температуру** temperaturu
un dolor de estomago	**стомачне тегобе** stomačne tegobe
nauseas	**мучнину** mučninu
la diarrea	**дијарeју** dijareju
el estreñimiento	**констипацију** konstipaciju
un dolor de espalda	**болове у леђима** bolove u leđima

un dolor de pecho	**болове у грудима** bolove u grudima
el flato	**бол у боку** bol u boku
un dolor abdominal	**бол у стомаку** bol u stomaku

la píldora	**пилула** pilula
la crema	**маст, крема** mast, krema
el jarabe	**сируп** sirup
el spray	**спреј** sprej
las gotas	**капи** kapi

Tiene que ir al hospital.	**Морате у болницу.** Morate u bolnicu
el seguro de salud	**здравствено осигурање** zdravstveno osiguranje
la receta	**рецепт** recept
el repelente de insectos	**нешто против инсеката** nešto protiv insekata
la curita	**фластер** flaster

Lo más imprescindible

Perdone, …	**Извините, …** Izvinite, …
Hola.	**Добар дан.** Dobar dan
Gracias.	**Хвала вам.** Hvala vam

Sí.	**Да.** Da
No.	**Не.** Ne
No lo sé.	**Не знам.** Ne znam
¿Dónde? | ¿A dónde? | ¿Cuándo?	**Где? | Куда? | Када?** Gde? | Kuda? | Kada?

Necesito …	**Треба ми …** Treba mi …
Quiero …	**Хоћу …** Hoću …
¿Tiene …?	**Имате ли …?** Imate li …?
¿Hay … por aquí?	**Да ли овде постоји …?** Da li ovde postoji …?
¿Puedo …?	**Смем ли …?** Smem li …?
…, por favor? (petición educada)	**молим** molim

Busco …	**Тражим …** Tražim …
el servicio	**тоалет** toalet
un cajero automático	**банкомат** bankomat
una farmacia	**апотеку** apoteku
el hospital	**болницу** bolnicu

la comisaría	**полицијску станицу** policijsku stanicu
el metro	**метро** metro

un taxi	**такси** taksi
la estación de tren	**железничку станицу** železničku stanicu

Me llamo …	**Ja се зовем …** Ja se zovem …
¿Cómo se llama?	**Како се ви зовете?** Kako se vi zovete?
¿Puede ayudarme, por favor?	**Да ли бисте, молим вас,** **могли да ми помогнете?** Da li biste, molim vas, mogli da mi pomognete?
Tengo un problema.	**Имам проблем.** Imam problem
Me encuentro mal.	**Не осећам се добро.** Ne osećam se dobro
¡Llame a una ambulancia!	**Позовите хитну помоћ!** Pozovite hitnu pomoć!
¿Puedo llamar, por favor?	**Смем ли да телефонирам?** Smem li da telefoniram?

Lo siento.	**Извините …** Izvinite …
De nada.	**Нема на чему.** Nema na čemu

Yo	**ja, мене** ja, mene
tú	**ти** ti
él	**он** on
ella	**она** ona
ellos	**они** oni
ellas	**оне** one
nosotros /nosotras/	**ми** mi
ustedes, vosotros	**ви** vi
usted	**ви** vi

ENTRADA	**УЛАЗ** ULAZ
SALIDA	**ИЗЛАЗ** IZLAZ
FUERA DE SERVICIO	**НЕ РАДИ** NE RADI

CERRADO	**ЗАТВОРЕНО** ZATVORENO
ABIERTO	**ОТВОРЕНО** OTVORENO
PARA SEÑORAS	**ЗА ЖЕНЕ** ZA ŽENE
PARA CABALLEROS	**ЗА МУШКАРЦЕ** ZA MUŠKARCE

T&P BOOKS

DICCIONARIO CONCISO

Esta sección contiene más
de 1.500 palabras útiles.
El diccionario incluye muchos
términos gastronómicos
y será de gran ayuda para
pedir alimentos en un
restaurante o comprando
comestibles en la tienda

T&P Books Publishing

CONTENIDO
DEL DICCIONARIO

T&P Books Publishing

tiempo (m)	време (c)	vréme
hora (f)	сат (м)	sat
media hora (f)	пола сата	póla sáta
minuto (m)	минут (ж)	mínut
segundo (m)	секунд (м)	sékund
hoy (adv)	данас	dánas
mañana (adv)	сутра	sútra
ayer (adv)	јуче	júče
lunes (m)	понедељак (м)	ponédeljak
martes (m)	уторак (м)	útorak
miércoles (m)	среда (ж)	sréda
jueves (m)	четвртак (м)	četvŕtak
viernes (m)	петак (м)	pétak
sábado (m)	субота (ж)	súbota
domingo (m)	недеља (ж)	nédelja
día (m)	дан (м)	dan
día (m) de trabajo	радни дан (м)	rádni dan
día (m) de fiesta	празничан дан (м)	prázničan dan
fin (m) de semana	викенд (м)	víkend
semana (f)	недеља (ж)	nédelja
semana (f) pasada	прошле недеље	próšle nédelje
semana (f) que viene	следеће недеље	slédeće nédelje
salida (f) del sol	излазак (м) сунца	ízlazak súnca
puesta (f) del sol	залазак (м) сунца	zálazak súnca
por la mañana	ујутру	újutru
por la tarde	поподне	popódne
por la noche	увече	úveče
esta noche	вечерас	večéras
(p.ej. 8:00 p.m.)		
por la noche	ноћу	nóću
medianoche (f)	поноћ (ж)	pónoć
enero (m)	јануар (м)	jánuar
febrero (m)	фебруар (м)	fébruar
marzo (m)	март (м)	mart
abril (m)	април (м)	ápril
mayo (m)	мај (м)	maj
junio (m)	јун, јуни (м)	jun, júni
julio (m)	јули (м)	júli

agosto (m)	август (м)	ávgust
septiembre (m)	септембар (м)	séptembar
octubre (m)	октобар (м)	óktobar
noviembre (m)	новембар (м)	nóvembar
diciembre (m)	децембар (м)	décembar

en primavera	у пролеће	u próleće
en verano	лети	léti
en otoño	у јесен	u jésen
en invierno	зими	zími

mes (m)	месец (м)	mésec
estación (f)	сезона (ж)	sezóna
año (m)	година (ж)	gódina
siglo (m)	век (м)	vek

2. Números. Los numerales

cifra (f)	цифра (ж)	cífra
número (m) (~ cardinal)	број (м)	broj
menos (m)	минус (м)	mínus
más (m)	плус (м)	plus
suma (f)	збир (м)	zbir

primero (adj)	први	pŕvi
segundo (adj)	други	drúgi
tercero (adj)	трећи	tréći

cero	нула (ж)	núla
uno	један	jédan
dos	два	dva
tres	три	tri
cuatro	четири	čétiri

cinco	пет	pet
seis	шест	šest
siete	седам	sédam
ocho	осам	ósam
nueve	девет	dévet
diez	десет	déset

once	једанаест	jedánaest
doce	дванаест	dvánaest
trece	тринаест	trínaest
catorce	четрнаест	četŕnaest
quince	петнаест	pétnaest

dieciséis	шеснаест	šésnaest
diecisiete	седамнаест	sedámnaest
dieciocho	осамнаест	osámnaest

diecinueve	деветнаест	devétnaest
veinte	двадесет	dvádeset
treinta	тридесет	trídeset
cuarenta	четрдесет	četrdéset
cincuenta	педесет	pedéset
sesenta	шездесет	šezdéset
setenta	седамдесет	sedamdéset
ochenta	осамдесет	osamdéset
noventa	деведесет	devedéset
cien	сто	sto
doscientos	двеста	dvésta
trescientos	триста	trísta
cuatrocientos	четиристо	čétiristo
quinientos	петсто	pétsto
seiscientos	шестсто	šéststo
setecientos	седамсто	sédamsto
ochocientos	осамсто	ósamsto
novecientos	деветсто	dévetsto
mil	хиљада (ж)	híljada
diez mil	десет хиљада	déset híljada
cien mil	сто хиљада	sto híljada
millón (m)	милион (м)	milíon
mil millones	милијарда (ж)	milíjarda

3. El ser humano. Los familiares

hombre (m) (varón)	мушкарац (м)	muškárac
joven (m)	младић (м)	mládić
adolescente (m)	тинејџер (м)	tinéjdžer
mujer (f)	жена (ж)	žéna
muchacha (f)	девојка (ж)	dévojka
edad (f)	узраст (м), старост (ж)	úzrast, stárost
adulto	одрасла особа (ж)	ódrasla ósoba
de edad media (adj)	средовјечни	srédovječni
anciano, mayor (adj)	постарији	póstariji
viejo (adj)	стар	star
anciano (m)	старац (м)	stárac
anciana (f)	старица (ж)	stárica
jubilación (f)	пензија (ж)	pénzija
jubilarse	отићи у пензију	ótići u pénziju
jubilado (m)	пензионер (м)	penzióner
madre (f)	мајка (ж)	májka
padre (m)	отац (м)	ótac
hijo (m)	син (м)	sin

hija (f)	кћи (ж)	kći
hermano (m)	брат (м)	brat
hermano (m) mayor	старији брат (м)	stáriji brat
hermano (m) menor	млађи брат (м)	mláđi brat
hermana (f)	сестра (ж)	séstra
hermana (f) mayor	старија сестра (ж)	stárija séstra
hermana (f) menor	млађа сестра (ж)	mláđa séstra

padres (pl)	родитељи (мн)	róditelji
niño -a (m, f)	дете (с)	déte
niños (pl)	деца (мн)	déca
madrastra (f)	маћеха (ж)	máćeha
padrastro (m)	очух (м)	óčuh

abuela (f)	бака (ж)	báka
abuelo (m)	деда (м)	déda
nieto (m)	унук (м)	únuk
nieta (f)	унука (ж)	únuka
nietos (pl)	унуци (мн)	únuci

tío (m)	ујак, стриц (м)	újak, stric
tía (f)	ујна, стрина (ж)	újna, strína
sobrino (m)	нећак, сестрић (м)	nećak, séstrić
sobrina (f)	нећакиња, сестричина (ж)	nećákinja, séstričina

mujer (f)	жена (ж)	žéna
marido (m)	муж (м)	muž
casado (adj)	ожењен	óženjen
casada (adj)	удата	údata
viuda (f)	удовица (ж)	udóvica
viudo (m)	удовац (м)	údovac

| nombre (m) | име (с) | íme |
| apellido (m) | презиме (с) | prézime |

pariente (m)	рођак (м)	róđak
amigo (m)	пријатељ (м)	príjatelj
amistad (f)	пријатељство (с)	prijatéljstvo

compañero (m)	партнер (м)	pártner
superior (m)	начелник (м)	náčelnik
colega (m, f)	колега (м)	koléga
vecinos (pl)	комшије (мн)	kómšije

4. El cuerpo. La anatomía humana

organismo (m)	организам (м)	organízam
cuerpo (m)	тело (с)	télo
corazón (m)	срце (в)	sŕce

sangre (f)	крв (ж)	kŕv
cerebro (m)	мозак (м)	mózak
nervio (m)	живац (м)	žívac
hueso (m)	кост (ж)	kost
esqueleto (m)	костур (м)	kóstur
columna (f) vertebral	кичма (ж)	kíčma
costilla (f)	ребро (с)	rébro
cráneo (m)	лобања (ж)	lóbanja
músculo (m)	мишић (м)	míšić
pulmones (m pl)	плућа (мн)	plúća
piel (f)	кожа (ж)	kóža
cabeza (f)	глава (ж)	gláva
cara (f)	лице (с)	líce
nariz (f)	нос (м)	nos
frente (f)	чело (с)	čélo
mejilla (f)	образ (м)	óbraz
boca (f)	уста (мн)	ústa
lengua (f)	језик (м)	jézik
diente (m)	зуб (м)	zub
labios (m pl)	усне (мн)	úsne
mentón (m)	брада (ж)	bráda
oreja (f)	ухо (с)	úho
cuello (m)	врат (м)	vrat
garganta (f)	грло (с)	gŕlo
ojo (m)	око (с)	óko
pupila (f)	зеница (ж)	zénica
ceja (f)	обрва (ж)	óbrva
pestaña (f)	трепавица (ж)	trépavica
pelo, cabello (m)	коса (ж)	kósa
peinado (m)	фризура (ж)	frizúra
bigote (m)	бркови (мн)	bŕkovi
barba (f)	брада (ж)	bráda
tener (~ la barba)	носити (пг)	nósiti
calvo (adj)	ћелав	ćélav
mano (f)	шака (ж)	šáka
brazo (m)	рука (ж)	rúka
dedo (m)	прст (м)	pŕst
uña (f)	нокат (м)	nókat
palma (f)	длан (м)	dlan
hombro (m)	раме (с)	ráme
pierna (f)	нога (ж)	nóga
planta (f)	стопало (с)	stópalo
rodilla (f)	колено (с)	kóleno
talón (m)	пета (ж)	péta

espalda (f)	леђа (мн)	léđa
cintura (f), talle (m)	струк (м)	struk
lunar (m)	младеж (м)	mládež
marca (f) de nacimiento	белег, младеж (м)	béleg, mládež

5. La medicina. Las drogas

salud (f)	здравље (c)	zdrávlje
sano (adj)	здрав	zdrav
enfermedad (f)	болест (ж)	bólest
estar enfermo	боловати (нг)	bolóvati
enfermo (adj)	болестан	bólestan

resfriado (m)	прехлада (ж)	préhlada
resfriarse (vr)	прехладити се	prehláditi se
angina (f)	ангина (ж)	angína
pulmonía (f)	упала (ж) плућа	úpala plúća
gripe (f)	грип (м)	grip

resfriado (m) (coriza)	кијавица (ж)	kíjavica
tos (f)	кашаљ (м)	kášalj
toser (vi)	кашљати (нг)	kášljati
estornudar (vi)	кијати (нг)	kíjati

insulto (m)	мождани удар (м)	móždani údar
ataque (m) cardiaco	инфаркт (м)	ínfarkt
alergia (f)	алергија (ж)	alérgija
asma (f)	астма (ж)	ástma
diabetes (f)	дијабетес (м)	dijabétes

tumor (m)	тумор (м)	túmor
cáncer (m)	рак (м)	rak
alcoholismo (m)	алкохолизам (м)	alkoholízam
SIDA (m)	Сида (ж)	Sída
fiebre (f)	грозница (ж)	gróznica
mareo (m)	морска болест (ж)	mórska bólest

moradura (f)	модрица (ж)	módrica
chichón (m)	чворуга (ж)	čvóruga
cojear (vi)	храмати (нг)	hrámati
dislocación (f)	ишчашење (c)	iščašénje
dislocar (vt)	ишчашити (пр)	íščašiti

fractura (f)	прелом (м)	prélom
quemadura (f)	опекотина (ж)	opekótina
herida (f)	повреда (ж)	póvreda
dolor (m)	бол (ж)	bol
dolor (m) de muelas	зубобоља (ж)	zubóbolja
sudar (vi)	знојити се	znójiti se
sordo (adj)	глув	gluv

mudo (adj)	нем	nem
inmunidad (f)	имунитет (м)	imunítet
virus (m)	вирус (м)	vírus
microbio (m)	микроб (м)	míkrob
bacteria (f)	бактерија (ж)	baktérija
infección (f)	инфекција (ж)	infékcija
hospital (m)	болница (ж)	bólnica
cura (f)	лечење (с)	léčenje
vacunar (vt)	вакцинисати (пг)	vakcinísati
estar en coma	бити у коми	bíti u kómi
revitalización (f)	реанимација (ж)	reanimácija
síntoma (m)	симптом (м)	símptom
pulso (m)	пулс (м)	puls

6. Los sentimientos. Las emociones

yo	ја	ja
tú	ти	ti
él	он	on
ella	она	óna
ello	оно	óno
nosotros, -as	ми	mi
vosotros, -as	ви	vi
ellos	они	óni
ellas	оне	óne
¡Hola! (fam.)	Здраво!	Zdrávo!
¡Hola! (form.)	Добар дан!	Dóbar dan!
¡Buenos días!	Добро јутро!	Dóbro jútro!
¡Buenas tardes!	Добар дан!	Dóbar dan!
¡Buenas noches!	Добро вече!	Dóbro véče!
decir hola	поздрављати (пг)	pózdravljati
saludar (vt)	поздрављати (пг)	pózdravljati
¿Cómo estáis?	Како сте?	Káko ste?
¿Cómo estás?	Како си?	Káko si?
¡Hasta la vista! (form.)	Довиђења!	Dovíđenja!
¡Hasta la vista! (fam.)	Здраво!	Zdrávo!
¡Gracias!	Хвала!	Hvála!
sentimientos (m pl)	осећања (мн)	ósećanja
tener hambre	бити гладан	bíti gládan
tener sed	бити жедан	bíti žédan
cansado (adj)	уморан	úmoran
inquietarse (vr)	бринути се	brínuti se
estar nervioso	бити нервозан	bíti nérvozan
esperanza (f)	нада (ж)	náda

esperar (tener esperanza)	надати се	nádati se
carácter (m)	карактер (м)	karákter
modesto (adj)	скроман	skróman
perezoso (adj)	лењ	lenj
generoso (adj)	дарежљив	daréžljiv
talentoso (adj)	талентован	tálentovan
honesto (adj)	искрен	ískren
serio (adj)	озбиљан	ózbiljan
tímido (adj)	стидљив	stídljiv
sincero (adj)	озбиљан	ózbiljan
cobarde (m)	кукавица (ж)	kúkavica
dormir (vi)	спавати (нг)	spávati
sueño (m) (dulces ~s)	сан (м)	san
cama (f)	кревет (м)	krévet
almohada (f)	јастук (м)	jástuk
insomnio (m)	несаница (ж)	nésanica
irse a la cama	ићи на спавање	íći na spávanje
pesadilla (f)	кошмар (м), мора (ж)	kóšmar, móra
despertador (m)	будилник (м)	búdilnik
sonrisa (f)	осмех (м)	ósmeh
sonreír (vi)	осмехивати се	osmehívati se
reírse (vr)	смејати се	sméjati se
disputa (f), riña (f)	свађа (ж)	sváđa
insulto (m)	увреда (ж)	úvreda
ofensa (f)	кивност (ж)	kívnost
enfadado (adj)	љут	ljut

7. La ropa. Accesorios personales

ropa (f)	одећа (ж)	ódeća
abrigo (m)	капут (м)	káput
abrigo (m) de piel	бунда (ж)	búnda
cazadora (f)	јакна (ж)	jákna
impermeable (m)	кишни мантил (м)	kíšni mántil
camisa (f)	кошуља (ж)	kóšulja
pantalones (m pl)	панталоне (мн)	pantalóne
chaqueta (f), saco (m)	сако (м)	sáko
traje (m)	одело (с)	odélo
vestido (m)	хаљина (ж)	háljina
falda (f)	сукња (ж)	súknja
camiseta (f) (T-shirt)	мајица (ж)	májica
bata (f) de baño	баде мантил (м)	báde mántil
pijama (m)	пиџама (ж)	pidžáma
ropa (f) de trabajo	радна одећа (ж)	rádna ódeća

ropa (f) interior	доње рубље (с)	dónje rúblje
calcetines (m pl)	чарапе (мн)	čárape
sostén (m)	грудњак (м)	grúdnjak
pantimedias (f pl)	хулахопке (мн)	húlahopke
medias (f pl)	чарапе (мн)	čárape
traje (m) de baño	купаћи костим (м)	kúpaći kóstim
gorro (m)	капа (ж)	kápa
calzado (m)	обућа (ж)	óbuća
botas (f pl) altas	чизме (мн)	čízme
tacón (m)	потпетица (ж)	pótpetica
cordón (m)	пертла (ж)	pértla
betún (m)	крема (ж) за обућу	kréma za óbuću
algodón (m)	памук (м)	pámuk
lana (f)	вуна (ж)	vúna
piel (f) (~ de zorro, etc.)	крзно (с)	kŕzno
guantes (m pl)	рукавице (мн)	rukávice
manoplas (f pl)	рукавице (мн) с једним прстом	rukávice s jednim prstom
bufanda (f)	шал (м)	šal
gafas (f pl)	наочаре (мн)	náočare
paraguas (m)	кишобран (м)	kíšobran
corbata (f)	кравата (ж)	kraváta
moquero (m)	џепна марамица (ж)	džépna máramica
peine (m)	чешаљ (м)	čéšalj
cepillo (m) de pelo	четка (ж) за косу	čétka za kósu
hebilla (f)	копча (ж)	kópča
cinturón (m)	каиш (м)	káiš
bolso (m)	ташна (ж)	tášna
cuello (m)	овратник (м)	óvratnik
bolsillo (m)	џеп (м)	džep
manga (f)	рукав (м)	rúkav
bragueta (f)	шлиц (м)	šlic
cremallera (f)	рајсфершлус (м)	rájsferšlus
botón (m)	дугме (с)	dúgme
ensuciarse (vr)	испрљати се	ispŕljati se
mancha (f)	мрља (ж)	mŕlja

8. La ciudad. Las instituciones urbanas

tienda (f)	продавница (ж)	pródavnica
centro (m) comercial	тржни центар (м)	tŕžni céntar
supermercado (m)	супермаркет (м)	supermárket
zapatería (f)	продавница (ж) обуће	pródavnica óbuće
librería (f)	књижара (ж)	knjížara

farmacia (f)	апотека (ж)	apotéka
panadería (f)	пекара (ж)	pékara
pastelería (f)	посластичарница (ж)	poslastičárnica
tienda (f) de comestibles	бакалница (ж)	bakálnica
carnicería (f)	месара (ж)	mésara
verdulería (f)	пиљарница (ж)	píljarnica
mercado (m)	пијаца (ж)	píjaca

peluquería (f)	фризерски салон (м)	frízerski sálon
oficina (f) de correos	пошта (ж)	póšta
tintorería (f)	хемијско чишћење (c)	hémijsko číšćenje
circo (m)	циркус (м)	církus
zoológico (m)	зоолошки врт (м)	zoóloški vŕt
teatro (m)	позориште (c)	pózorište
cine (m)	биоскоп (м)	bíoskop
museo (m)	музеј (м)	múzej
biblioteca (f)	библиотека (ж)	bibliotéka

mezquita (f)	џамија (ж)	džámija
sinagoga (f)	синагога (ж)	sinagóga
catedral (f)	катедрала (ж)	katedrála
templo (m)	храм (м)	hram
iglesia (f)	црква (ж)	cŕkva

instituto (m)	институт (м)	instítut
universidad (f)	универзитет (м)	univerzitét
escuela (f)	школа (ж)	škóla
hotel (m)	хотел (м)	hótel
banco (m)	банка (ж)	bánka
embajada (f)	амбасада (ж)	ambasáda
agencia (f) de viajes	туристичка агенција (ж)	turística agéncija

metro (m)	метро (м)	métro
hospital (m)	болница (ж)	bólnica
gasolinera (f)	бензинска станица (ж)	bénzinska stánica
aparcamiento (m)	паркиралиште (c)	parkíralište

ENTRADA	УЛАЗ	ULAZ
SALIDA	ИЗЛАЗ	IZLAZ
EMPUJAR	ГУРАЈ	GURAJ
TIRAR	ВУЦИ	VUCI
ABIERTO	ОТВОРЕНО	OTVORENO
CERRADO	ЗАТВОРЕНО	ZATVORENO

monumento (m)	споменик (м)	spómenik
fortaleza (f)	тврђава (ж)	tvŕđava
palacio (m)	палата (ж)	paláta

medieval (adj)	средњовековни	srednjovékovni
antiguo (adj)	старински	starínski
nacional (adj)	национални	nacionálni
conocido (adj)	чувен	čúven

9. El dinero. Las finanzas

dinero (m)	новац (м)	nóvac
moneda (f)	новчић (м)	nóvčić
dólar (m)	долар (м)	dólar
euro (m)	евро (м)	évro
cajero (m) automático	банкомат (м)	bánkomat
oficina (f) de cambio	мењачница (ж)	menjáčnica
curso (m)	курс (м)	kurs
dinero (m) en efectivo	готовина (ж)	gótovina
¿Cuánto?	Колико?	Kolíko?
pagar (vi, vt)	платити (нг, пг)	plátiti
pago (m)	плаћање (с)	pláćanje
cambio (m) (devolver el ~)	кусур (м)	kúsur
precio (m)	цена (ж)	céna
descuento (m)	попуст (м)	pópust
barato (adj)	јефтин	jéftin
caro (adj)	скуп	skup
banco (m)	банка (ж)	bánka
cuenta (f)	рачун (м)	ráčun
tarjeta (f) de crédito	кредитна картица (ж)	kréditna kártica
cheque (m)	чек (м)	ček
sacar un cheque	написати чек	napísati ček
talonario (m)	чековна књижица (ж)	čékovna knjížica
deuda (f)	дуг (м)	dug
deudor (m)	дужник (м)	dúžnik
prestar (vt)	посудити	posúditi
tomar prestado	позајмити (пг)	pozájmiti
alquilar (vt)	изнајмити (пг)	iznájmiti
a crédito (adv)	на кредит	na krédit
cartera (f)	новчаник (м)	novčánik
caja (f) fuerte	сеф (м)	sef
herencia (f)	наследство (с)	následstvo
fortuna (f)	богатство (с)	bogátstvo
impuesto (m)	порез (м)	pórez
multa (f)	новчана казна (ж)	nóvčana kázna
multar (vt)	кажњавати (пг)	kažnjávati
al por mayor (adj)	на велико	na véliko
al por menor (adj)	малопродајни	malopródajni
asegurar (vt)	осигурати (пг)	osigúrati
seguro (m)	осигурање (с)	osigúranje
capital (m)	капитал (м)	kapítal
volumen (m) de negocio	промет (м)	prómet

acción (f)	акција (ж)	ákcija
beneficio (m)	профит (м)	prófit
beneficioso (adj)	профитабилан	prófitabilan
crisis (f)	криза (ж)	kríza
bancarrota (f)	банкротство (с)	bankrótstvo
ir a la bancarrota	банкротирати (нг)	bankrotírati
contable (m)	књиговођа (м)	knjígovođa
salario (m)	плата, зарада (ж)	pláta, zárada
premio (m)	бонус (м)	bónus

10. El transporte

autobús (m)	аутобус (м)	autóbus
tranvía (m)	трамвај (м)	trámvaj
trolebús (m)	тролејбус (м)	troléjbus
ir en …	ићи …	íći …
tomar (~ el autobús)	ући у …	úći u …
bajar (~ del tren)	сићи (нг), изаћи из …	síći, ízaći iz …
parada (f)	станица (ж)	stánica
parada (f) final	последња станица (ж)	póslednja stánica
horario (m)	ред (м) вожње	red vóžnje
billete (m)	карта (ж)	kárta
llegar tarde (vi)	каснити (нг)	kásniti
taxi (m)	такси (м)	táksi
en taxi	таксијем	táksijem
parada (f) de taxi	такси станица (ж)	táksi stánica
tráfico (m)	саобраћај (м)	sáobraćaj
horas (f pl) de punta	шпиц (м)	špic
aparcar (vi)	паркирати се	parkírati se
metro (m)	метро (м)	métro
estación (f)	станица (ж)	stánica
tren (m)	воз (м)	voz
estación (f)	железничка станица (ж)	žéleznička stánica
rieles (m pl)	шине (мн)	šíne
compartimiento (m)	купе (м)	kúpe
litera (f)	лежај (м)	léžaj
avión (m)	авион (м)	avíon
billete (m) de avión	авионска карта (ж)	avíonska kárta
compañía (f) aérea	авио-компанија (ж)	ávio-kompánija
aeropuerto (m)	аеродром (м)	aeródrom
vuelo (m)	лет (м)	let
equipaje (m)	пртљаг (м)	pŕtljag

carrito (m) de equipaje	колица (мн) за пртљаг	kolíca za pŕtljag
barco, buque (m)	брод (м)	brod
trasatlántico (m)	прекоокеански брод (м)	prekookéanski brod
yate (m)	јахта (ж)	jáhta
bote (m) de remo	чамац (м)	čámac
capitán (m)	капетан (м)	kapétan
camarote (m)	кабина (ж)	kabína
puerto (m)	лука (ж)	lúka
bicicleta (f)	бицикл (м)	bicíkl
scooter (m)	скутер (м)	skúter
motocicleta (f)	мотоцикл (м)	motocíkl
pedal (m)	педала (ж)	pedála
bomba (f)	пумпа (ж)	púmpa
rueda (f)	точак (м)	tóčak
coche (m)	ауто, аутомобил (м)	áuto, automóbil
ambulancia (f)	хитна помоћ (ж)	hítna pómoć
camión (m)	камион (м)	kamíon
de ocasión (adj)	половни	pólovni
accidente (m)	саобраћајка (ж)	saobráćajka
reparación (f)	поправка (ж)	pópravka

11. La comida. Unidad 1

carne (f)	месо (с)	méso
gallina (f)	пилетина, кокош (ж)	píletina, kokoš
pato (m)	патка (ж)	pátka
carne (f) de cerdo	свињетина (ж)	svínjetina
carne (f) de ternera	телетина (ж)	téletina
carne (f) de carnero	јагњетина (ж)	jágnjetina
carne (f) de vaca	говедина (ж)	góvedina
salchichón (m)	кобасица (ж)	kobásica
huevo (m)	јаје (с)	jáje
pescado (m)	риба (ж)	ríba
queso (m)	сир (м)	sir
azúcar (m)	шећер (м)	šéćer
sal (f)	со (ж)	so
arroz (m)	пиринач (м)	pírinač
macarrones (m pl)	макарони (мн)	mákaroni
mantequilla (f)	маслац (м)	máslac
aceite (m) vegetal	зејтин (м)	zéjtin
pan (m)	хлеб (м)	hleb
chocolate (m)	чоколада (ж)	čokoláda
vino (m)	вино (с)	víno
café (m)	кафа (ж)	káfa

leche (f)	млеко (с)	mléko
zumo (m), jugo (m)	сок (м)	sok
cerveza (f)	пиво (с)	pívo
té (m)	чај (м)	čaj

tomate (m)	парадајз (м)	parádajz
pepino (m)	краставац (м)	krástavac
zanahoria (f)	шаргарепа (ж)	šargarépa
patata (f)	кромпир (м)	krómpir
cebolla (f)	црни лук (м)	cŕni luk
ajo (m)	бели лук (м)	béli luk

col (f)	купус (м)	kúpus
remolacha (f)	цвекла (ж)	cvékla
berenjena (f)	патлицан (м)	patlidžán
eneldo (m)	мирођија (ж)	miróđija
lechuga (f)	зелена салата (ж)	zélena saláta
maíz (m)	кукуруз (м)	kukúruz

fruto (m)	воће (с)	vóće
manzana (f)	јабука (ж)	jábuka
pera (f)	крушка (ж)	krúška
limón (m)	лимун (м)	límun
naranja (f)	наранца (ж)	nárandža
fresa (f)	јагода (ж)	jágoda

ciruela (f)	шљива (ж)	šljíva
frambuesa (f)	малина (ж)	málina
piña (f)	ананас (м)	ánanas
banana (f)	банана (ж)	banána
sandía (f)	лубеница (ж)	lubénica
uva (f)	грожђе (с)	gróžđe
melón (m)	диња (ж)	dínja

12. La comida. Unidad 2

cocina (f)	кухиња (ж)	kúhinja
receta (f)	рецепт (м)	récept
comida (f)	храна (ж)	hrána

desayunar (vi)	доручковати (нг)	dóručkovati
almorzar (vi)	ручати (нг)	rúčati
cenar (vi)	вечерати (нг)	véčerati

sabor (m)	укус (м)	úkus
sabroso (adj)	укусан	úkusan
frío (adj)	хладан	hládan
caliente (adj)	врућ	vruć
azucarado, dulce (adj)	сладак	sládak
salado (adj)	слан	slan

bocadillo (m)	сендвич (м)	séndvič
guarnición (f)	прилог (м)	prílog
relleno (m)	надев (м)	nádev
salsa (f)	сос (м)	sos
pedazo (m)	комад (м)	kómad
dieta (f)	дијета (ж)	dijéta
vitamina (f)	витамин (м)	vitámin
caloría (f)	калорија (ж)	kalórija
vegetariano (m)	вегетаријанац (м)	vegetarijánac
restaurante (m)	ресторан (м)	restóran
cafetería (f)	кафић (м), кафана (ж)	káfić, kafána
apetito (m)	апетит (м)	apétit
¡Que aproveche!	Пријатно!	Príjatno!
camarero (m)	конобар (м)	kónobar
camarera (f)	конобарица (ж)	konobárica
barman (m)	бармен (м)	bármen
carta (f), menú (m)	јеловник (м)	jélovnik
cuchara (f)	кашика (ж)	kášika
cuchillo (m)	нож (м)	nož
tenedor (m)	виљушка (ж)	víljuška
taza (f)	шоља (ж)	šólja
plato (m)	тањир (м)	tánjir
platillo (m)	тацна (ж)	tácna
servilleta (f)	салвета (ж)	salvéta
mondadientes (m)	чачкалица (ж)	čáčkalica
pedir (vt)	наручити (пг)	narúčiti
plato (m)	јело (с)	jélo
porción (f)	порција (ж)	pórcija
entremés (m)	предјело (с)	prédjelo
ensalada (f)	салата (ж)	saláta
sopa (f)	супа (ж)	súpa
postre (m)	десерт (м)	désert
confitura (f)	слатко (с)	slátko
helado (m)	сладолед (м)	sládoled
cuenta (f)	рачун (м)	ráčun
pagar la cuenta	платити рачун	plátiti ráčun
propina (f)	бакшиш (м)	bákšiš

13. La casa. El apartamento. Unidad 1

casa (f)	кућа (ж)	kúća
casa (f) de campo	сеоска кућа (ж)	séoska kúća
villa (f)	вила (ж)	víla

piso (m), planta (f)	спрат (м)	sprat
entrada (f)	улаз (м)	úlaz
pared (f)	зид (м)	zid
techo (m)	кров (м)	krov
chimenea (f)	димњак (м)	dímnjak
desván (m)	поткровље (с), таван (м)	pótkrovlje, távan
ventana (f)	прозор (м)	prózor
alféizar (m)	прозорска даска (ж)	prózorska dáska
balcón (m)	балкон (м)	bálkon
escalera (f)	степениште (с)	stépenište
buzón (m)	поштанско сандуче (с)	póštansko sánduče
contenedor (m) de basura	канта (ж) за ђубре	kánta za đúbre
ascensor (m)	лифт (м)	lift
electricidad (f)	струја (ж)	strúja
bombilla (f)	сијалица (ж)	síjalica
interruptor (m)	прекидач (м)	prekídač
enchufe (m)	утичница (ж)	útičnica
fusible (m)	осигурач (м)	osigúrač
puerta (f)	врата (мн)	vráta
tirador (m)	квака (ж)	kváka
llave (f)	кључ (м)	ključ
felpudo (m)	отирач (м)	otírač
cerradura (f)	брава (ж)	bráva
timbre (m)	звонце (с)	zvónce
toque (m) a la puerta	куцање (с)	kúcanje
tocar la puerta	куцати (нг)	kúcati
mirilla (f)	шпијунка (ж)	špíjunka
patio (m)	дворište (с)	dvórište
jardín (m)	врт (м)	vŕt
piscina (f)	базен (м)	bázen
gimnasio (m)	теретана (ж)	teretána
cancha (f) de tenis	тениски терен (м)	téniski téren
garaje (m)	гаража (ж)	garáža
propiedad (f) privada	приватна својина (ж)	prívatna svójina
letrero (m) de aviso	знак (м) упозорења	znak upozorénja
seguridad (f)	обезбеђење (с)	obezbeđénje
guardia (m) de seguridad	чувар (м)	čúvar
renovación (f)	реновирање (с)	renovíranje
renovar (vt)	реновирати (нг)	renovírati
poner en orden	доводити у ред	dovóditi u red
pintar (las paredes)	бојити (нг)	bójiti
empapelado (m)	тапете (мн)	tapéte
cubrir con barniz	лакирати	lakírati
tubo (m)	цев (ж)	cev

instrumentos (m pl)	алати (мн)	álati
sótano (m)	подрум (м)	pódrum
alcantarillado (m)	канализација (ж)	kanalizácija

14. La casa. El apartamento. Unidad 2

apartamento (m)	стан (м)	stan
habitación (f)	соба (ж)	sóba
dormitorio (m)	спаваћа соба (ж)	spávaća sóba
comedor (m)	трпезарија (ж)	trpezárija
salón (m)	дневна соба (ж)	dnévna sóba
despacho (m)	кабинет (м)	kabínet
antecámara (f)	ходник (м)	hódnik
cuarto (m) de baño	купатило (с)	kupátilo
servicio (m)	тоалет (м)	toálet
suelo (m)	под (м)	pod
techo (m)	плафон (м)	pláfon
limpiar el polvo	брисати прашину	brísati prášinu
aspirador (m), aspiradora (f)	усисивач (м)	usisívač
limpiar con la aspiradora	усисавати (нг, пг)	usisávati
fregona (f)	џогер (м)	džóger
trapo (m)	крпа (ж)	kŕpa
escoba (f)	метла (ж)	métla
cogedor (m)	ђубровник (м)	đúbrovnik
muebles (m pl)	намештај (м)	námeštaj
mesa (f)	сто (м)	sto
silla (f)	столица (ж)	stólica
sillón (m)	фотеља (ж)	fotélja
librería (f)	орман (м) за књиге	órman za knjíge
estante (m)	полица (ж)	pólica
armario (m)	орман (м)	órman
espejo (m)	огледало (с)	oglédalo
tapiz (m)	тепих (м)	tépih
chimenea (f)	камин (м)	kámin
cortinas (f pl)	завесе (мн)	závese
lámpara (f) de mesa	стона лампа (ж)	stóna lámpa
lámpara (f) de araña	лустер (м)	lúster
cocina (f)	кухиња (ж)	kúhinja
cocina (f) de gas	плински шпорет (м)	plínski špóret
cocina (f) eléctrica	електрични шпорет (м)	eléktrični šporet
horno (m) microondas	микроталасна рерна (ж)	mikrotálasna rérna
frigorífico (m)	фрижидер (м)	frížider
congelador (m)	замрзивач (м)	zamrzívač

lavavajillas (m)	машина (ж) за прање судова	mašína za pránje súdova
grifo (m)	славина (ж)	slávina

picadora (f) de carne	млин (м) за месо	mlin za méso
exprimidor (m)	соковник (м)	sókovnik
tostador (m)	тостер (м)	tóster
batidora (f)	миксер (м)	míkser

cafetera (f) (aparato de cocina)	апарат (м) за кафу	apárat za káfu
hervidor (m) de agua	кувало, чајник (м)	kúvalo, čájnik
tetera (f)	чајник (м)	čájnik

televisor (m)	телевизор (м)	televízor
vídeo (m)	видео рекордер (м)	vídeo rekórder
plancha (f)	пегла (ж)	pégla
teléfono (m)	телефон (м)	teléfon

15. Los trabajos. El estatus social

director (m)	директор (м)	dírektor
superior (m)	шеф, начелник (м)	šef, náčelnik
presidente (m)	председник (м)	prédsednik
asistente (m)	помоћник (м)	pomóćnik
secretario, -a (m, f)	секретар (м), секретарица (ж)	sekrétar, sekretárica

propietario (m)	власник (м)	vlásnik
socio (m)	партнер (м)	pártner
accionista (m)	акционар (м)	akciónar

hombre (m) de negocios	бизнисмен (м)	bíznismen
millonario (m)	милионер (м)	milióner
multimillonario (m)	милијардер (м)	milijárder

actor (m)	глумац (м)	glúmac
arquitecto (m)	архитекта (м)	arhitékta
banquero (m)	банкар (м)	bánkar
broker (m)	брокер (м)	bróker
veterinario (m)	ветеринар (м)	veterínar
médico (m)	лекар (м)	lékar
camarera (f)	собарица (ж)	sóbarica
diseñador (m)	дизајнер (м)	dizájner
corresponsal (m)	дописник (м)	dópisnik
repartidor (m)	курир (м)	kúrir

electricista (m)	електричар (м)	eléktričar
músico (m)	музичар (м)	múzičar
niñera (f)	дадиља (ж)	dádilja

| peluquero (m) | фризер (м) | frízer |
| pastor (m) | пастир, чобан (м) | pástir, čóban |

cantante (m)	певач (м)	pévač
traductor (m)	преводилац (м)	prevódilac
escritor (m)	писац (м)	písac
carpintero (m)	столар (м)	stólar
cocinero (m)	кувар (м)	kúvar

bombero (m)	ватрогасац (м)	vatrogásac
policía (m)	полицајац (м)	policájac
cartero (m)	поштар (м)	póštar
programador (m)	програмер (м)	prográmer
vendedor (m)	продавач (м)	prodávač

obrero (m)	радник (м)	rádnik
jardinero (m)	баштован (м)	báštovan
fontanero (m)	водоинсталатер (м)	vodoinstaláter
dentista (m)	стоматолог (м)	stomatólog
azafata (f)	стјуардеса (ж)	stjuardésa

bailarín (m)	плесач (м)	plésač
guardaespaldas (m)	телохранитељ (м)	telohránitelj
científico (m)	научник (м)	náučnik
profesor (m) (~ de baile, etc.)	учитељ (м)	účitelj

granjero (m)	фармер (м)	fármer
cirujano (m)	хирург (м)	hírurg
minero (m)	рудар (м)	rúdar
jefe (m) de cocina	главни кувар (м)	glávni kúvar
chofer (m)	возач (м)	vózač

16. Los deportes

tipo (m) de deporte	врста (ж) спорта	vŕsta spórta
fútbol (m)	фудбал (м)	fúdbal
hockey (m)	хокеј (м)	hókej
baloncesto (m)	кошарка (ж)	kóšarka
béisbol (m)	бејзбол (м)	béjzbol

voleibol (m)	одбојка (ж)	ódbojka
boxeo (m)	бокс (м)	boks
lucha (f)	рвање (с), борба (ж)	rvánje, bórba
tenis (m)	тенис (м)	ténis
natación (f)	пливање (с)	plívanje

ajedrez (m)	шах (м)	šah
carrera (f)	трчање (с)	tŕčanje
atletismo (m)	лака атлетика (ж)	láka atlétika

patinaje (m) artístico	уметничко клизање (c)	umétničko klízanje
ciclismo (m)	бициклизам (м)	biciklízam

billar (m)	билијар (м)	bilíjar
culturismo (m)	бодибилдинг (м)	bódibilding
golf (m)	голф (м)	golf
buceo (m)	роњење (c)	rónjenje
vela (f)	једрење (c)	jédrenje
tiro (m) con arco	стреличарство (c)	stréličarstvo

tiempo (m)	полувреме (c)	póluvreme
descanso (m)	одмор (м)	ódmor
empate (m)	нерешена игра (ж)	neréšena ígra
empatar (vi)	одиграти нерешено	ódigrati nérešeno

cinta (f) de correr	тркачка стаза (ж)	tŕkačka stáza
jugador (m)	играч (м)	ígrač
reserva (m)	резервни играч (м)	rézervni ígrač
banquillo (m) de reserva	резервна клупа (ж)	rézervna klúpa
match (m)	меч (м)	meč
puerta (f)	гол (м)	gol
portero (m)	голман (м)	gólman
gol (m)	гол (м)	gol

Juegos (m pl) Olímpicos	Олимпијске игре (мн)	Olímpijske ígre
establecer un record	поставити рекорд	póstaviti rékord
final (m)	финале (c)	finále
campeón (m)	шампион (м)	šampíon
campeonato (m)	првенство (c)	prvénstvo

vencedor (m)	победник (м)	póbednik
victoria (f)	победа (ж)	póbeda
ganar (vi)	победити (нг), добити (пг)	pobéditi, dóbiti
perder (vi)	изгубити (нг, пг)	izgúbiti
medalla (f)	медаља (ж)	médalja

primer puesto (m)	прво место (c)	pŕvo mésto
segundo puesto (m)	друго место (c)	drúgo mésto
tercer puesto (m)	треће место (c)	tréće mésto

estadio (m)	стадион (м)	stádion
hincha (m)	навијач (м)	navíjač
entrenador (m)	тренер (м)	tréner
entrenamiento (m)	тренинг (м), вежбање (c)	tréning, véžbanje

17. Los idiomas extranjeros. La ortografía

lengua (f)	језик (м)	jézik
estudiar (vt)	студирати (пг)	studírati

pronunciación (f)	изговор (м)	ízgovor
acento (m)	нагласак (м)	náglasak
sustantivo (m)	именица (ж)	ímenica
adjetivo (m)	придев (м)	prídev
verbo (m)	глагол (м)	glágol
adverbio (m)	прилог (м)	prílog
pronombre (m)	заменица (ж)	zámenica
interjección (f)	узвик (м)	úzvik
preposición (f)	предлог (м)	prédlog
raíz (f), radical (m)	корен (м) речи	kořen réči
desinencia (f)	наставак (м)	nástavak
prefijo (m)	префикс (м)	préfiks
sílaba (f)	слог (м)	slog
sufijo (m)	суфикс (м)	súfiks
acento (m)	акцент (м)	ákcent
punto (m)	тачка (ж)	táčka
coma (m)	зарез (м)	zárez
dos puntos (m pl)	две тачке (мн)	dve táčke
puntos (m pl) suspensivos	три тачке (мн)	tri táčke
pregunta (f)	питање (с)	pítanje
signo (m) de interrogación	упитник (м)	úpitnik
signo (m) de admiración	усклчник, узвичник (м)	úskličnik, úzvičnik
entre comillas	под наводницима	pod návodnicima
entre paréntesis	у загради	u zágradi
letra (f)	слово (с)	slóvo
letra (f) mayúscula	велико слово (с)	véliko slóvo
oración (f)	реченица (ж)	rečénica
combinación (f) de palabras	група (ж) речи	grúpa réči
expresión (f)	израз (м)	ízraz
sujeto (m)	субјект (м)	súbjekt
predicado (m)	предикат (м)	prédikat
línea (f)	ред (м)	red
párrafo (m)	пасус (м)	pásus
sinónimo (m)	синоним (м)	sinónim
antónimo (m)	антоним (м)	antónim
excepción (f)	изузетак (м)	izuzétak
subrayar (vt)	подвући (пг)	pódvući
reglas (f pl)	правила (мн)	právila
gramática (f)	граматика (ж)	gramátika
vocabulario (m)	лексикон (м)	léksikon
fonética (f)	фонетика (ж)	fonétika

alfabeto (m)	азбука, абецеда (ж)	ázbuka, abecéda
manual (m)	уџбеник (м)	údžbenik
diccionario (m)	речник (м)	réčnik
guía (f) de conversación	приручник (м)	príručnik
	за конверзацију	za konverzáciju

palabra (f)	реч (ж)	reč
significado (m)	смисао (м)	smísao
memoria (f)	памћење (с)	pámćenje

18. La Tierra. La geografía

Tierra (f)	Земља (ж)	Zémlja
globo (m) terrestre	земљина кугла (ж)	zémljina kúgla
planeta (m)	планета (ж)	planéta

geografía (f)	географија (ж)	geográfija
naturaleza (f)	природа (ж)	príroda
mapa (m)	мапа (ж)	mápa
atlas (m)	атлас (м)	átlas

en el norte	на северу	na séveru
en el sur	на југу	na júgu
en el oeste	на западу	na západu
en el este	на истоку	na ístoku

mar (m)	море (с)	móre
océano (m)	океан (м)	okéan
golfo (m)	залив (м)	záliv
estrecho (m)	мореуз (м)	móreuz

continente (m)	континент (м)	kontínent
isla (f)	острво (с)	óstrvo
península (f)	полуострво (с)	poluóstrvo
archipiélago (m)	архипелаг (м)	arhipélag

ensenada, bahía (f)	лука (ж)	lúka
arrecife (m) de coral	корални гребен (м)	kóralni grében
orilla (f)	обала (ж)	óbala
costa (f)	обала (ж)	óbala

flujo (m)	плима (ж)	plíma
reflujo (m)	осека (ж)	óseka

latitud (f)	ширина (ж)	šiŕina
longitud (f)	дужина (ж)	dužína
paralelo (m)	паралела (ж)	paraléla
ecuador (m)	екватор (м)	ékvator
cielo (m)	небо (с)	nébo
horizonte (m)	хоризонт (м)	horízont

atmósfera (f)	атмосфера (ж)	atmosféra
montaña (f)	планина (ж)	planína
cima (f)	врх (м)	vȑh
roca (f)	литица (ж)	lítica
colina (f)	брег (м)	breg

volcán (m)	вулкан (м)	vúlkan
glaciar (m)	леденик (м)	ledénik
cascada (f)	водопад (м)	vódopad
llanura (f)	равница (ж)	ravníca

río (m)	река (ж)	réka
manantial (m)	извор (м)	ízvor
ribera (f)	обала (ж)	óbala
río abajo (adv)	низводно	nízvodno
río arriba (adv)	узводно	úzvodno

lago (m)	језеро (с)	jézero
presa (f)	брана (ж)	brána
canal (m)	канал (м)	kánal
pantano (m)	мочвара (ж)	móčvara
hielo (m)	лед (м)	led

19. Los países. Unidad 1

Europa (f)	Европа (ж)	Evrópa
Unión (f) Europea	Европска унија (ж)	Evropska únija
europeo (m)	Европљанин (м)	Evrópljanin
europeo (adj)	европски	évropski

Austria (f)	Аустрија (ж)	Áustrija
Gran Bretaña (f)	Велика Британија (ж)	Vélika Brítanija
Inglaterra (f)	Енглеска (ж)	Engleska
Bélgica (f)	Белгија (ж)	Bélgija
Alemania (f)	Немачка (ж)	Némačka

Países Bajos (m pl)	Низоземска (ж)	Nízozemska
Holanda (f)	Холандија (ж)	Holándija
Grecia (f)	Грчка (ж)	Gȑčka
Dinamarca (f)	Данска (ж)	Dánska
Irlanda (f)	Ирска (ж)	Irska

Islandia (f)	Исланд (м)	Island
España (f)	Шпанија (ж)	Špánija
Italia (f)	Италија (ж)	Itálija
Chipre (m)	Кипар (м)	Kípar
Malta (f)	Малта (ж)	Málta

Noruega (f)	Норвешка (ж)	Nórveška
Portugal (m)	Португалија (ж)	Portugálija

Finlandia (f)	Финска (ж)	Fínska
Francia (f)	Француска (ж)	Fráncuska
Suecia (f)	Шведска (ж)	Švédska
Suiza (f)	Швајцарска (ж)	Švájcarska
Escocia (f)	Шкотска (ж)	Škótska
Vaticano (m)	Ватикан (м)	Vátikan
Liechtenstein (m)	Лихтенштајн (м)	Líhtenštajn
Luxemburgo (m)	Луксембург (м)	Lúksemburg
Mónaco (m)	Монако (м)	Mónako
Albania (f)	Албанија (ж)	Albánija
Bulgaria (f)	Бугарска (ж)	Búgarska
Hungría (f)	Мађарска (ж)	Máđarska
Letonia (f)	Летонија (ж)	Létonija
Lituania (f)	Литванија (ж)	Litvánija
Polonia (f)	Пољска (ж)	Póljska
Rumania (f)	Румунија (ж)	Rúmunija
Serbia (f)	Србија (ж)	Sȑbija
Eslovaquia (f)	Словачка (ж)	Slóvačka
Croacia (f)	Хрватска (ж)	Hrvátska
Chequia (f)	Чешка република (ж)	Čéška repúblika
Estonia (f)	Естонија (ж)	Estonija
Bosnia y Herzegovina	Босна и Херцеговина (ж)	Bósna i Hércegovina
Macedonia	Македонија (ж)	Mákedonija
Eslovenia	Словенија (ж)	Slóvenija
Montenegro (m)	Црна Гора (ж)	Cȑna Góra
Bielorrusia (f)	Белорусија (ж)	Belorúsija
Moldavia (f)	Молдавија (ж)	Moldávija
Rusia (f)	Русија (ж)	Rúsija
Ucrania (f)	Украјина (ж)	Úkrajina

20. Los países. Unidad 2

Asia (f)	Азија (ж)	Ázija
Vietnam (m)	Вијетнам (м)	Víjetnam
India (f)	Индија (ж)	Índija
Israel (m)	Израел (м)	Izrael
China (f)	Кина (ж)	Kína
Líbano (m)	Либан (м)	Líban
Mongolia (f)	Монголија (ж)	Móngolija
Malasia (f)	Малезија (ж)	Malézija
Pakistán (m)	Пакистан (м)	Pákistan
Arabia (f) Saudita	Саудијска Арабија (ж)	Sáudijska Árabija
Tailandia (f)	Тајланд (м)	Tájland
Taiwán (m)	Тајван (м)	Tájvan

Turquía (f)	Турска (ж)	Túrska
Japón (m)	Јапан (м)	Jápan
Afganistán (m)	Авганистан (м)	Avganístan
Bangladesh (m)	Бангладеш (м)	Bángladeš
Indonesia (f)	Индонезија (ж)	Indonezija
Jordania (f)	Јордан (м)	Jórdan
Irak (m)	Ирак (м)	Irak
Irán (m)	Иран (м)	Iran
Camboya (f)	Камбоџа (ж)	Kambódža
Kuwait (m)	Кувајт (м)	Kúvajt
Laos (m)	Лаос (м)	Láos
Myanmar (m)	Мјанмар (м)	Mjánmar
Nepal (m)	Непал (м)	Népal
Emiratos (m pl) Árabes Unidos	Уједињени Арапски Емирати	Ujedínjeni Árapski Emiráti
Siria (f)	Сирија (ж)	Sírija
Palestina (f)	Палестина (ж)	Palestína
Corea (f) del Sur	Јужна Кореја (ж)	Júžna Koréja
Corea (f) del Norte	Северна Кореја (ж)	Séverna Koréja
Estados Unidos de América	Сједињене Америчке Државе	Sjédinjene Américke Države
Canadá (f)	Канада (ж)	Kanada
Méjico (m)	Мексико (м)	Méksiko
Argentina (f)	Аргентина (ж)	Argentína
Brasil (m)	Бразил (м)	Brázil
Colombia (f)	Колумбија (ж)	Kolúmbija
Cuba (f)	Куба (ж)	Kúba
Chile (m)	Чиле (м)	Číle
Venezuela (f)	Венецуела (ж)	Venecuéla
Ecuador (m)	Еквадор (м)	Ekvador
Islas (f pl) Bahamas	Бахами (мн)	Bahámi
Panamá (f)	Панама (ж)	Pánama
Egipto (m)	Египат (м)	Egipat
Marruecos (m)	Мароко (м)	Maróko
Túnez (m)	Тунис (м)	Túnis
Kenia (f)	Кенија (ж)	Kénija
Libia (f)	Либија (ж)	Líbija
República (f) Sudafricana	Јужноафричка република (ж)	Južnoáfrička republika
Australia (f)	Аустралија (ж)	Austrálija
Nueva Zelanda (f)	Нови Зеланд (м)	Nóvi Zéland

21. El tiempo. Los desastres naturales

tiempo (m)	време (с)	vréme
previsión (f) del tiempo	временска прогноза (ж)	vrémenska prognóza
temperatura (f)	температура (ж)	temperatúra
termómetro (m)	термометар (м)	térmometar
barómetro (m)	барометар (м)	bárometar
sol (m)	сунце (с)	súnce
brillar (vi)	сијати (нг)	síjati
soleado (un día ~)	сунчан	súnčan
elevarse (el sol)	изаћи (нг)	ízaći
ponerse (vr)	заћи (нг)	záći
lluvia (f)	киша (ж)	kíša
está lloviendo	пада киша	páda kíša
aguacero (m)	пљусак (м)	pljúsak
nubarrón (m)	кишни облак (м)	kíšni óblak
charco (m)	бара (ж)	bára
mojarse (vr)	покиснути (нг)	pókisnuti
tormenta (f)	олуја (ж)	olúja
relámpago (m)	муња (ж)	múnja
relampaguear (vi)	севати (нг)	sévati
trueno (m)	гром (м)	grom
está tronando	грми	gŕmi
granizo (m)	град (м)	grad
está granizando	пада град	páda grad
bochorno (m)	вручина (ж)	vrućína
hace mucho calor	вруће је	vrúće je
hace calor (templado)	топло је	tóplo je
hace frío	хладно је	hládno je
niebla (f)	магла (ж)	mágla
nebuloso (adj)	магловит	maglóvit
nube (f)	облак (м)	óblak
nuboso (adj)	облачан	óblačan
humedad (f)	влажност (ж)	vlážnost
nieve (f)	снег (м)	sneg
está nevando	пада снег	páda sneg
helada (f)	мраз (м)	mraz
bajo cero (adv)	испод нуле	íspod núle
escarcha (f)	иње (с)	ínje
mal tiempo (m)	невреме (с)	névreme
catástrofe (f)	катастрофа (ж)	katastrófa
inundación (f)	поплава (ж)	póplava
avalancha (f)	лавина (ж)	lávina
terremoto (m)	земљотрес (м)	zémljotres

sacudida (f)	потрес (м)	pótres
epicentro (m)	епицентар (м)	epicéntar
erupción (f)	ерупција (ж)	erúpcija
lava (f)	лава (ж)	láva

tornado (m)	торнадо (м)	tórnado
torbellino (m)	вихор (м)	víhor
huracán (m)	ураган (м)	úragan
tsunami (m)	цунами (м)	cunámi
ciclón (m)	циклон (м)	cíklon

22. Los animales. Unidad 1

| animal (m) | животиња (ж) | živótinja |
| carnívoro (m) | предатор, грабљивац (м) | prédator, grábljivac |

tigre (m)	тигар (м)	tígar
león (m)	лав (м)	lav
lobo (m)	вук (м)	vuk
zorro (m)	лисица (ж)	lísica
jaguar (m)	јагуар (м)	jáguar

lince (m)	рис (м)	ris
coyote (m)	којот (м)	kójot
chacal (m)	шакал (м)	šákal
hiena (f)	хијена (ж)	hijéna

ardilla (f)	веверица (ж)	véverica
erizo (m)	јеж (м)	jež
conejo (m)	кунић (м)	kúnić
mapache (m)	ракун (м)	rákun

hámster (m)	хрчак (м)	hŕčak
topo (m)	кртица (ж)	kŕtica
ratón (m)	миш (ж)	miš
rata (f)	пацов (м)	pácov
murciélago (m)	слепи миш (м)	slépi miš

castor (m)	дабар (м)	dábar
caballo (m)	коњ (м)	konj
ciervo (m)	јелен (м)	jélen
camello (m)	камила (ж)	kámila
cebra (f)	зебра (ж)	zébra

ballena (f)	кит (м)	kit
foca (f)	фока (ж)	fóka
morsa (f)	морж (м)	morž
delfín (m)	делфин (м)	délfin
oso (m)	медвед (м)	médved

mono (m)	мајмун (м)	májmun
elefante (m)	слон (м)	slon
rinoceronte (m)	носорог (м)	nósorog
jirafa (f)	жирафа (ж)	žiráfa
hipopótamo (m)	нилски коњ (м)	nílski konj
canguro (m)	кенгур (м)	kéngur
gata (f)	мачка (ж)	máčka
perro (m)	пас (м)	pas
vaca (f)	крава (ж)	kráva
toro (m)	бик (м)	bik
oveja (f)	овца (ж)	óvca
cabra (f)	коза (ж)	kóza
asno (m)	магарац (м)	mágarac
cerdo (m)	свиња (ж)	svínja
gallina (f)	кокош (ж)	kókoš
gallo (m)	певац (м)	pévac
pato (m)	патка (ж)	pátka
ganso (m)	гуска (ж)	gúska
pava (f)	ћурка (ж)	ćúrka
perro (m) pastor	овчар (м)	óvčar

23. Los animales. Unidad 2

pájaro (m)	птица (ж)	ptíca
paloma (f)	голуб (м)	gólub
gorrión (m)	врабац (м)	vrábac
carbonero (m)	сеница (ж)	sénica
urraca (f)	сврака (ж)	svráka
águila (f)	орао (м)	órao
azor (m)	јастреб (м)	jástreb
halcón (m)	соко (м)	sóko
cisne (m)	лабуд (м)	lábud
grulla (f)	ждрал (м)	ždral
cigüeña (f)	рода (ж)	róda
loro (m), papagayo (m)	папагај (м)	papágaj
pavo (m) real	паун (м)	páun
avestruz (m)	ној (м)	noj
garza (f)	чапља (ж)	čáplja
ruiseñor (m)	славуј (м)	slávuj
golondrina (f)	ластавица (ж)	lástavica
pájaro carpintero (m)	детлић (м)	détlić
cuco (m)	кукавица (ж)	kúkavica
lechuza (f)	сова (ж)	sóva

pingüino (m)	пингвин (м)	píngvin
atún (m)	туна (ж), туњ (м)	tuna, tunj
trucha (f)	пастрмка (ж)	pástrmka
anguila (f)	јегуља (ж)	jégulja
tiburón (m)	ајкула (ж)	ájkula
centolla (f)	краба (ж)	krába
medusa (f)	медуза (ж)	medúza
pulpo (m)	хоботница (ж)	hóbotnica
estrella (f) de mar	морска звезда (ж)	mórska zvézda
erizo (m) de mar	морски јеж (м)	mórski jež
caballito (m) de mar	морски коњић (м)	mórski kónjić
camarón (m)	шкамп (м)	škamp
serpiente (f)	змија (ж)	zmíja
víbora (f)	шарка (ж)	šárka
lagarto (m)	гуштер (м)	gúšter
iguana (f)	игуана (ж)	iguána
camaleón (m)	камелеон (м)	kameléon
escorpión (m)	шкорпија (ж)	škórpija
tortuga (f)	корњача (ж)	kórnjača
rana (f)	жаба (ж)	žába
cocodrilo (m)	крокодил (м)	krokódil
insecto (m)	инсект (м)	ínsekt
mariposa (f)	лептир (м)	léptir
hormiga (f)	мрав (м)	mrav
mosca (f)	мува (ж)	múva
mosquito (m) (picadura de ~)	комарац (м)	komárac
escarabajo (m)	буба (ж)	búba
abeja (f)	пчела (ж)	pčéla
araña (f)	паук (м)	páuk
mariquita (f)	бубамара (ж)	bubamára

24. Los árboles. Las plantas

árbol (m)	дрво (с)	dŕvo
abedul (m)	бреза (ж)	bréza
roble (m)	храст (м)	hrast
tilo (m)	липа (ж)	lípa
pobo (m)	јасика (ж)	jásika
arce (m)	јавор (м)	jávor
pícea (f)	јела (ж)	jéla
pino (m)	бор (м)	bor
cedro (m)	кедар (м)	kédar
álamo (m)	топола (ж)	topóla

serbal (m)	јаребика (ж)	járebika
haya (f)	буква (ж)	búkva
olmo (m)	брест (м)	brest

fresno (m)	јасен (м)	jásen
castaño (m)	кестен (м)	késten
palmera (f)	палма (ж)	pálma
mata (f)	грм, жбун (м)	gŕm, žbun

seta (f)	гљива, печурка (ж)	gljíva, péčurka
seta (f) venenosa	отровна гљива (ж)	ótrovna gljíva
seta calabaza (f)	вргањ (м)	vŕganj
rúsula (f)	красница (ж)	krásnica
matamoscas (m)	мухара (ж)	múhara
oronja (f) verde	отровна гљива (ж)	ótrovna gljíva

flor (f)	цвет (м)	cvet
ramo (m) de flores	букет (м)	búket
rosa (f)	ружа (ж)	rúža

| tulipán (m) | тулипан (м) | tulípan |
| clavel (m) | каранфил (м) | karánfil |

manzanilla (f)	камилица (ж)	kamílica
cacto (m)	кактус (м)	káktus
muguete (m)	ђурђевак (м)	đurđévak

| campanilla (f) de las nieves | висибаба (ж) | vísibaba |
| nenúfar (m) | локвањ (м) | lókvanj |

invernadero (m) tropical	стакленик (м)	stáklenik
césped (m)	травњак (м)	trávnjak
macizo (m) de flores	цветна леја (ж)	cvétna léja

planta (f)	биљка (ж)	bíljka
hierba (f)	трава (ж)	tráva
hoja (f)	лист (м)	list
pétalo (m)	латица (ж)	lática

| tallo (m) | стабљика (ж) | stábljika |
| retoño (m) | изданак (м) | ízdanak |

| cereales (m pl) (plantas) | житарице (мн) | žitárice |
| trigo (m) | пшеница (ж) | pšénica |

| centeno (m) | раж (ж) | raž |
| avena (f) | овас (м) | óvas |

mijo (m)	просо (с)	próso
cebada (f)	јечам (м)	jéčam
maíz (m)	кукуруз (м)	kukúruz
arroz (m)	пиринач (м)	pírinač

25. Varias palabras útiles

alto (m) (parada temporal)	пауза, станка (ж)	páuza, stánka
ayuda (f)	помоћ (ж)	pómoć
balance (m)	равнотежа (ж)	ravnotéža
base (f) (~ científica)	база (ж)	báza
categoría (f)	категорија (ж)	kategórija
coincidencia (f)	коинциденција (ж)	koincidéncija
comienzo (m) (principio)	почетак (м)	počétak
comparación (f)	поређење (с)	póređenje
desarrollo (m)	развој (м)	rázvoj
diferencia (f)	разлика (ж)	rázlika
efecto (m)	ефекат (м)	éfekat
ejemplo (m)	пример (м)	prímer
variedad (f) (selección)	избор (м)	ízbor
elemento (m)	елеменат (м)	elémenat
error (m)	грешка (ж)	gréška
esfuerzo (m)	напор (м)	nápor
estándar (adj)	стандардни	standárdni
estilo (m)	стил (м)	stil
forma (f) (contorno)	облик (м)	óblik
grado (m) (en mayor ~)	степен (м)	stépen
hecho (m)	чињеница (ж)	čínjenica
ideal (m)	идеал (м)	idéal
modo (m) (de otro ~)	начин (м)	náčin
momento (m)	моменат (м)	mómenat
obstáculo (m)	препрека (ж)	prépreka
parte (f)	део (м)	déo
pausa (f)	пауза (ж)	páuza
posición (f)	позиција (ж)	pózicija
problema (m)	проблем (м)	próblem
proceso (m)	процес (м)	próces
progreso (m)	прогрес (м)	prógres
propiedad (f) (cualidad)	својство (с)	svójstvo
reacción (f)	реакција (ж)	reákcija
riesgo (m)	ризик (м)	rízik
secreto (m)	тајна (ж)	tájna
serie (f)	серија (ж)	sérija
sistema (m)	систем (м)	sístem
situación (f)	ситуација (ж)	situácija
solución (f)	решење (с)	rešénje
tabla (f) (~ de multiplicar)	таблица (ж)	táblica
tempo (m) (ritmo)	темпо (м)	témpo

término (m)	термин (м)	términ
tipo (m)	врста (ж)	vŕsta
(p.ej. ~ de deportes)		
turno (m) (esperar su ~)	ред (м)	red
urgente (adj)	хитан	hítan
utilidad (f)	корист (ж)	kórist
variante (f)	варијанта (ж)	varijánta
verdad (f)	истина (ж)	ístina
zona (f)	зона (ж)	zóna

26. Los adjetivos. Unidad 1

abierto (adj)	отворен	ótvoren
adicional (adj)	додатан	dódatan
agrio (sabor ~)	кисео	kíseo
agudo (adj)	оштар	óštar
amargo (adj)	горак	górak
amplio (~a habitación)	просторан	próstoran
antiguo (adj)	древни	drévni
arriesgado (adj)	ризичан	rízičan
artificial (adj)	вештачки	véštački
azucarado, dulce (adj)	сладак	sládak
bajo (voz ~a)	тих	tih
bello (hermoso)	леп	lep
blando (adj)	мек, мекан	mek, mékan
bronceado (adj)	преплануо	preplánuo
central (adj)	централни	céntralni
ciego (adj)	слеп	slep
clandestino (adj)	илегалан	ílegalan
compatible (adj)	компатибилан	kómpatibilan
congelado (pescado ~)	замрзнут	zámrznut
contento (adj)	задовољан	zádovoljan
continuo (adj)	дуготрајан	dúgotrajan
cortés (adj)	учтив	účtiv
corto (adj)	кратак	krátak
crudo (huevos ~s)	сиров	sírov
de segunda mano	половни	pólovni
denso (~a niebla)	густ	gust
derecho (adj)	десни	désni
difícil (decisión)	тежак	téžak
dulce (agua ~)	слатка	slátka
duro (material, etc.)	тврд	tvŕd
enfermo (adj)	болестан	bólestan
enorme (adj)	огроман	ógroman
especial (adj)	специјалан	spécijalan

estrecho (calle, etc.)	узак	úzak
exacto (adj)	тачан	táčan
excelente (adj)	одличан	ódličan

excesivo (adj)	прекомеран	prékomeran
exterior (adj)	спољашњи	spóljašnji
fácil (adj)	лак (м)	lak
feliz (adj)	срећан	sréćan
fértil (la tierra ~)	плодан	plódan
frágil (florero, etc.)	ломљив	lómljiv

fuerte (~ voz)	гласан	glásan
fuerte (adj)	снажан	snážan
grande (en dimensiones)	велик	vélik
gratis (adj)	бесплатан	bésplatan
importante (adj)	важан	vážan

infantil (adj)	дечји	déčji
inmóvil (adj)	непокретан	népokretan
inteligente (adj)	паметан	pámetan
interior (adj)	унутрашњи	únutrašnji
izquierdo (adj)	леви	lévi

27. Los adjetivos. Unidad 2

largo (camino)	дуг, дугачак	dug, dúgačak
legal (adj)	законит	zákonit
ligero (un metal ~)	лак (м)	lak
limpio (camisa ~)	чист	čist
líquido (adj)	течан	téčan

liso (piel, pelo, etc.)	гладак	gládak
lleno (adj)	пун	pun
maduro (fruto, etc.)	зрео	zréo
malo (adj)	лош	loš
mate (sin brillo)	мат	mat

misterioso (adj)	загонетан	zágonetan
muerto (adj)	мртав	mȑtav
natal (país ~)	родни	ródni
negativo (adj)	негативан	négativan
no difícil (adj)	једноставан	jédnostavan

normal (adj)	нормалан	nórmalan
nuevo (adj)	нов	nov
obligatorio (adj)	обавезан	óbavezan
opuesto (adj)	супротан	súprotan
ordinario (adj)	обичан	óbičan
original (inusual)	оригиналан	óriginalan
peligroso (adj)	опасан	ópasan

pequeño (adj)	мали	máli
perfecto (adj)	изврсни	ízvrsni
personal (adj)	персонални	pérsonalni
pobre (adj)	сиромашан	sirómašan

poco claro (adj)	нејасан	néjasan
poco profundo (adj)	плитак	plítak
posible (adj)	могуђ	móguć
principal (~ idea)	основни	ósnovni
principal (la entrada ~)	главни	glávni

probable (adj)	вероватни	vérovatni
público (adj)	јавни	jávni
rápido (adj)	брз	bŕz
raro (adj)	редак	rédak
recto (línea ~a)	прав	prav

sabroso (adj)	укусан	úkusan
siguiente (avión, etc.)	следећи	slédeći
similar (adj)	сличан	slíčan
sólido (~a pared)	чврст	čvŕst
sucio (no limpio)	прљав	pŕljav
tonto (adj)	глуп	glup

triste (mirada ~)	тужан	túžan
último (~a oportunidad)	последњи	póslednji
último (~a vez)	прошли	próšli
vacío (vaso medio ~)	празан	prázan
viejo (casa ~a)	стар	star

28. Los verbos. Unidad 1

abrir (vt)	отварати (пг)	otvárati
acabar, terminar (vt)	завршавати (пг)	završávati
acusar (vt)	окривљавати (пг)	okrivljávati
agradecer (vt)	захваљивати (пг)	zahvaljívati
almorzar (vi)	ручати (нг)	rúčati
alquilar (~ una casa)	изнајмити (пг)	iznájmiti

anular (vt)	отказати (пг)	otkázati
anunciar (vt)	објављивати (пг)	objavljívati
apagar (vt)	угасити (пг)	ugásiti
autorizar (vt)	допуштати (нг)	dopúštati
ayudar (vt)	помагати (пг)	pomágati

bailar (vi, vt)	играти, плесати (нг)	ígrati, plésati
beber (vi, vt)	пити (нг, пг)	píti
borrar (vt)	избрисати (пг)	ízbrisati
bromear (vi)	шалити се	šáliti se
bucear (vi)	ронити (нг)	róniti

caer (vi)	падати (нг)	pádati
cambiar (vt)	променити (пг)	proméniti
cantar (vi)	певати (нг, пг)	pévati
cavar (vt)	копати (пг)	kópati
cazar (vi, vt)	ловити (пг)	lóviti
cenar (vi)	вечерати (нг)	véčerati
cerrar (vt)	затварати (пг)	zatvárati
cesar (vt)	прекидати (пг)	prekídati
coger (vt)	ловити (пг)	lóviti
comenzar (vt)	почињати (нг, пг)	póčinjati
comer (vi, vt)	јести (нг, пг)	jésti
comparar (vt)	упоређивати (пг)	uporeďívati
comprar (vt)	куповати (пг)	kupóvati
comprender (vt)	разумевати (пг)	razumévati
confiar (vt)	веровати (пг)	vérovati
confirmar (vt)	потврдити (пг)	potvŕditi
conocer (~ a alguien)	знати (пг)	znáti
construir (vt)	градити (пг)	gráditi
contar (una historia)	причати (пг)	príčati
contar (vt) (enumerar)	рачунати (пг)	račúnati
contar con ...	рачунати на ...	račúnati na ...
copiar (vt)	копирати (пг)	kopírati
correr (vi)	трчати (нг)	tŕčati
costar (vt)	коштати (нг)	kóštati
crear (vt)	створити (пг)	stvóriti
creer (en Dios)	веровати (нг)	vérovati
dar (vt)	давати (пг)	dávati
decidir (vt)	одлучивати (пг)	odlučívati
decir (vt)	рећи (пг)	réći
dejar caer	испуштати (пг)	ispúštati
depender de ...	зависити од ...	závisiti od ...
desaparecer (vi)	ишчезнути (нг)	íščeznuti
desayunar (vi)	доручковати (нг)	dóručkovati
despreciar (vt)	презирати (пг)	prézirati
disculpar (vt)	извињавати (пг)	izvinjávati
disculparse (vr)	извињавати се	izvinjávati se
discutir (vt)	расправљати (пг)	ráspravljati
divorciarse (vr)	развести се	rázvesti se
dudar (vt)	сумњати (нг)	súmnjati

29. Los verbos. Unidad 2

encender (vt)	укључивати (пг)	uključívati
encontrar (hallar)	наћи (пг)	náći

encontrarse (vr)	сусрести се	súsresti se
engañar (vi, vt)	обмањивати (nr)	obmanjívati
enviar (vt)	слати (nr)	sláti
equivocarse (vr)	грешити (нг)	gréšiti

escoger (vt)	бирати (nr)	bírati
esconder (vt)	крити (nr)	kríti
escribir (vt)	писати (nr)	písati
esperar (aguardar)	чекати (нг, nr)	čékati
esperar (tener esperanza)	надати се	nádati se
estar ausente	одсуствовати (нг)	ódsustvovati

estar cansado	умарати се	umárati se
estar de acuerdo	слагати се	slágati se
estudiar (vt)	студирати (nr)	studírati
exigir (vt)	захтевати, тражити	zahtévati, trážiti
existir (vi)	постојати (нг)	póstojati

explicar (vt)	објашњавати (nr)	objašnjávati
faltar (a las clases)	пропуштати (nr)	propúštati
felicitar (vt)	честитати (nr)	čestítati
firmar (~ el contrato)	потписивати (nr)	potpisívati
girar (~ a la izquierda)	скретати (нг)	skrétati
gritar (vi)	викати (нг)	víkati

guardar (conservar)	чувати (nr)	čúvati
gustar (vi)	свиђати се	svíđati se
hablar (vi, vt)	говорити (нг)	govóriti
hablar con ...	говорити са ...	govóriti sa ...
hacer (vt)	радити (nr)	ráditi

hacer la limpieza	поспремати (nr)	posprémati
insistir (vi)	инсистирати (нг)	insistírati
insultar (vt)	вређати (nr)	vréđati
invitar (vt)	позивати (nr)	pozívati
ir (a pie)	ићи (нг)	íći

jugar (divertirse)	играти (нг)	ígrati
leer (vi, vt)	читати (нг, nr)	čítati
llegar (vi)	стизати (нг)	stízati
llorar (vi)	плакати (нг)	plákati
matar (vt)	убијати (нг)	ubíjati
mirar a ...	гледати (nr)	glédati

molestar (vt)	сметати (nr)	smétati
morir (vi)	умрети (нг)	úmreti
mostrar (vt)	показивати (nr)	pokazívati
nacer (vi)	родити се	róditi se
nadar (vi)	пливати (нг)	plívati
negar (vt)	порећи (nr)	póreći
obedecer (vi, vt)	подчинити се	podčíniti se
odiar (vt)	мрзети (nr)	mŕzeti

oír (vt)	чути (нг, пг)	čúti
olvidar (vt)	заборављати (нг, пг)	zabóravljati
orar (vi)	молити се	móliti se

30. Los verbos. Unidad 3

pagar (vi, vt)	платити (нг, пг)	plátiti
participar (vi)	учествовати (нг)	účestvovati
pegar (golpear)	ударати (пг)	údarati
pelear (vi)	тући се	túći se
pensar (vi, vt)	мислити (нг)	mísliti
perder (paraguas, etc.)	губити (пг)	gúbiti

perdonar (vt)	опраштати (пг)	opráštati
pertenecer a ...	припадати (нг)	prípadati
poder (v aux)	моћи (нг)	móći
poder (v aux)	моћи (нг)	móći
preguntar (vt)	питати (пг)	pítati
preparar (la cena)	кувати (пг)	kúvati

prever (vt)	предвиђати (пг)	predvíđati
probar (vt)	доказивати (пг)	dokazívati
prohibir (vt)	забранити (пг)	zábraniti
prometer (vt)	обећати (пг)	obéćati
proponer (vt)	предлагати (пг)	predlágati
quebrar (vt)	ломити (пг)	lómiti

quejarse (vr)	жалити се	žáliti se
querer (amar)	волети (пг)	vóleti
querer (desear)	хтети (пг)	htéti
recibir (vt)	примити (пг)	prímiti
repetir (vt)	понављати (пг)	ponávljati
reservar (~ una mesa)	резервисати (пг)	rezervísati

responder (vi, vt)	одговарати (нг, пг)	odgovárati
robar (vt)	красти (пг)	krásti
saber (~ algo mas)	знати (пг)	znáti
salvar (vt)	спасавати (пг)	spasávati
secar (ropa, pelo)	сушити (пг)	súšiti

sentarse (vr)	седати (нг)	sédati
sonreír (vi)	осмехивати се	osmehívati se
tener (vt)	имати (пг)	ímati
tener miedo	плашити се	plášiti se

tener prisa	журити се	žúriti se
tener prisa	журити (нг)	žúriti
terminar (vt)	прекидати (пг)	prekídati
tirar, disparar (vi)	пуцати (нг)	púcati
tomar (vt)	узети (пг)	úzeti

trabajar (vi)	радити (нг)	ráditi
traducir (vt)	преводити (пг)	prevóditi
tratar (de hacer algo)	покушавати (нг)	pokušávati
vender (vt)	продавати (пг)	prodávati
ver (vt)	видети (пг)	vídeti
verificar (vt)	проверавати (пг)	proverávati
volar (pájaro, avión)	летети (нг)	léteti

www.ingramcontent.com/pod-product-compliance
Lightning Source LLC
Chambersburg PA
CBHW070115070426
42448CB00040B/2901